「大国」としての中国

どのように台頭し、どこにゆくのか

［編著］
加茂具樹
Tomoki Kamo

はじめに

―― 「台頭」の先にある中国を考えるために ――

　中国をめぐる問いは、「中国は台頭するのか」から「中国はどのように台頭するのか」へ、そして「台頭した中国は何を求めているのか」へと変化してきた。本書は、台頭した中国の行方を直接的に問うわけではない。本書の目的は、この問いに答えるために考えておかなければならない３つの問いを立て、中国の行方を展望する手掛かりを得ようとするものである。

＜本書で何を明らかにするのか ―― 中国をめぐる３つの問い＞

第１の問いは、「中国政治はリプセット仮説を乗り越えたのか」である。

　中国政治の行方を展望するために、先達たちは中国共産党による一党支配をかたちづくってきた制度や中国共産党と社会との関係の理解に努めてきた。中国共産党は、13億の人口と960万平方キロメートルの国土、56の民族、都市と農村あるいは沿海地域と内陸地域の経済格差を抱え、14カ国２万キロ以上の陸上国境と、海を通じて８カ国に向き合っている領域を支配している。こうした複雑な国情に向き合いながら、これまでのところ、中国共産党は安定した支配を実現している。

　今日の中国は、政治体制の安定を維持しながら急速な経済成長を達成し、その結果として増大した国力を背景に大国としての意識を次第に強めている。こうした中国をめぐる重要な問いは、なぜ中国共産党は一党支配を長く続けることができているのか、である。

　かつて、少なくない人々が、経済成長によって社会が多元化し、多元化した社会は多元的な政治を要求するというリプセット仮説をふまえて、中国という「豊かな権威主義国家」は長生きしないと見做してきた。では、そうならなかった中国は「リプセット仮説」を回避することができたのだろうか。

　第１部は、こうした認識をふまえて「豊かな権威主義国家」という中国共産党による一党体制の生命力をめぐる問題を考える。

第1章は、かつて、なぜ私たちは中国共産党による一党体制の持続を展望することができなかったのか、その理由を問う。中国共産党の統治能力を見誤った理由を考える。

　第2章は、中国共産党による一党支配が持続している一方で、抗議運動が増加し、中国社会が不安定化している中国政治社会に注目した。政治体制の安定化と社会の不安定化という、二律背反する現実が共存している理由を考える。

　第3章は、これまで中国共産党が一党支配を持続させてきた要因を整理したうえで、この政治体制が今後も持続する可能性について論じる。議論の焦点は、中国共産党と企業の関係である。

第2の問いは、「中国経済はどのようにして発展してきたのか」である。

　一般的に経済成長を実現するためには、私有財産や知的財産が保障されるなど「法の支配」の実現が必要だといわれてきた。しかし、今日の中国はそれが十分に保障されていないにもかかわらず、経済は成長してきた。それはなぜなのか。中国経済の行方を展望するうえで検討しなければならない重要な問いである。

　第2部を構成する第4章と第5章は、中国の経済発展の原動力の来源を考える。なぜ、中国は失敗することなく、経済成長に成功することができたのだろうか。

第3の問いは、「中国外交はツキジデスの罠を克服できるのか」である。

　「アテネの台頭とそのことに対するスパルタの警戒が戦争を不可避とした」というツキジデスの洞察は、米中関係にも当てはまるのだろうか。新興国家中国は、既存の国際秩序を構築してきた米国に対してどのように向き合うのか。第3部は、近年の中国の対外行動の背景にある問題を考えた。

　第6章は、中国の台頭と相対的な米国の衰退が続くなかで、多くの論者が論じてきたアジア太平洋地域の秩序変動をめぐる米中関係のダイナミズムを、米中間の「戦略的競争」という概念をふまえて論じた。

　第7章は、中国がグローバルなレベルで海洋進出を展開しているなかで、特に南シナ海への進出に込められている戦略的意図、そしてこうした中国の対外行動が東アジアの安全保障に与える影響について考察した。

第8章は、中国と台湾の関係を論じた。中国共産党が支配の正当性を保ち続けるための重要な取り組みが、「屈辱の近代史」の克服と「豊かで強い」国家の建設である。台湾はこうした取り組みのなかで重要な位置にあると同時に、米国との関係、そして、東アジアの国際政治の焦点である。台湾の国際政治における位相を中国からの視点をつうじて時系列に分析した。

　第9章は、覇権国と台頭する国家との熾烈な競争の物語として描かれる国際政治の長い歴史をふまえて、台頭する中国と20世紀後半の秩序形成を担った米国との関係を論じた。米中関係は「ツキジデスの罠」から脱却できるのかを、過去20年間の米国の対中政策の変遷に注目して分析した。

　本書の目的は、これらの3つの問いをつうじて変化する中国を理解する手掛かりを得ようとするだけではない。上述の1つめの問いは政治学における問いでもあり、2つめの問いは経済学における問いでもあり、3つめの問いは国際政治学における問いでもある。今日、誤解を恐れずにいえば、中国を学ぶことは各ディシプリンの最先端の問いに取り組むことともいえる。本書は、中国に対する理解を深めるだけでなく、中国というケースをつうじて学問の先端に触れることを意図している。

　なお、本書が想定している読者層は、以下に掲げる2つの層に定めている。対象の1つは国際政治や日本外交、そして中国に関心をもちはじめた大学学部生である。本書は、急速な経済発展にともなって国力を増大させ、大国意識を強く表しはじめた中国を理解するための鍵となる「問い」を提示し、読者が中国理解を深めることに貢献することができたら幸いである。平易な表記をこころがけるよう編者が要求したため、本来、各章において付すべき重厚な先行研究リストや注釈については最低限にとどまっている。

　いま1つの対象は、20年後、さらには30年後に本書を手にする未来の読者である。未来の読者が、当時の（つまり2017年の）日本社会が中国に向き合いながら何を議論していたのかを理解するための材料となることを願っている。

＊

この場を借りて、謝意とお詫びの気持ちを表すことをお許しいただきたい。

本書が出版されるまでの過程で極めて多くの方からの力添えを賜った。とくに本書の出版を快く引き受けてくださった、一藝社代表取締役社長でおられる菊池公男氏には、深くお礼を申し上げたい。菊池社長と編者および共著者とのご縁は詳らかにはしないが、出版事情が厳しいなかにもかかわらず、本書を出版する機会を下さったことについて、あらためて感謝申し上げたい。同様に、常務をお務めの小野道子氏にも御礼申し上げたい。

そしてなによりも、実際の編集作業にあたった松澤隆氏に最大限の感謝の気持ちを表したい。松澤氏が、編者の温かくも厳しい伴走役を担ってくださらなければ、本書は刊行することはできなかった。編者が突然に海外に転居することになったことに加えて、編者の能力不足が原因となり、本書の刊行は極めて深刻な危機に直面した。これを救ってくださった松澤氏に心から感謝申し上げたい。

本書は、当初の計画は10章組であった。王雪萍東洋大学准教授に共著者として加わっていただくことになっていたが、様々な事情からご一緒することができなかった。編者の能力不足である。お詫びするとともに、次の機会で仕事を共にさせてほしい。

2017年4月

加茂 具樹

目　次

はじめに ——「台頭」の先にある中国を考えるために 3

第1部
リプセット仮説を乗り越えたのか
——中国共産党一党支配の持続力

第1章
豊かな権威主義国家の統治能力
—— なぜ支配の持続を見誤ったか

15

なぜ見誤ったのか	15
不安定論の理屈	17
低く見積もった統治能力	19
統治能力を再評価する	20
「統治の有効性の向上」に貢献する政治制度の「発見」	23
中国共産党は新しい術を見つけたわけではない	24

第2章
中国社会の格差と共産党の統治
—— 歴史的視点からの分析

28

社会的不安定と体制的安定の共存	28
地域、国民国家と格差	29
毛沢東時代の「遺産」と格差	31
民衆と党	33
≫民衆の認識	33
≫利益に基づいて行動する大衆	35
「反対」も「支持」もしない社会	37

第3章
支配は続くのか　　　　　　　　　　　　　　　　　　　　40
──「取り込み」戦略の限界

一党支配体制と社会・企業との関係　　　　　　　　　　40

共産党主導の高度経済成長　　　　　　　　　　　　　　41

一党支配における経済発展　　　　　　　　　　　　　　43

党・国家と社会の相互依存関係 ──リプセット仮説は当てはまるのか　　44

党・国家に依存する中国企業　　　　　　　　　　　　　45

経済エリートの「取り込み」戦略　　　　　　　　　　　46

経済発展における「取り込み」戦略　　　　　　　　　　47

支配は続くのか ──「取り込み戦略」の限界　　　　　　49

第2部

経済はどのように発展してきたのか
──高度成長の原動力

第4章
中国共産党と制度選択　　　　　　　　　　　　　　　　55
── 中央集権と創造的破壊の確立

共産党の支配のもとでの高度成長　　　　　　　　　　55

驚異の高度経済成長　　　　　　　　　　　　　　　　56

　≫データでみてみよう　　　　　　　　　　　　　　56

　≫歴史の中での位置づけ　　　　　　　　　　　　　59

国家、制度と経済成長をめぐる議論　　　　　　　　　61

　≫インセンティブ、技術選択を左右する制度　　　　61

　≫経済成長に必要な中央集権制　　　　　　　　　　61

　≫産業発展を阻む政治体制 ── 中央集権の欠如と絶対主義権制　　62

≫創造的破壊と絶対主義政権	63
≫中央集権のジレンマ	63
なぜ中国は高度成長を達成できたのか	65
≫中国共産党の構築した中央集権制	65
≫創造的破壊を恐れなかった中国共産党	68
さらなる制度転換の可能性	70
≫「包括的な政治制度」の成立する条件	70
≫「マルサス後」の権力配分の変化の可能性	72
≫包括的制度と中国の距離	72
≫国際経済制度と中国	74
「中央集権体制」と「創造的破壊」	75

第5章
中国共産党と民営企業家
── 創造的破壊を抱きしめ続けられるか

	79
民間資本との共存	79
共産党と企業 ── 国営企業か民営企業か	80
収奪的制度のもとでの起業	82
≫収奪的な中国の制度	82
≫低質な制度を補う力	82
≫政府と起業家の間の契約	84
≫資金調達の手段としての体制内身分	86
共産党と新興企業の関係をどう構築するか ── アリババの事例	89
≫国有企業不在の領域での価値創造に専心したアリババ	90
≫新興産業との関係を模索する共産党	91
共産党はイノベーションを拒否するのか	94

第3部

ツキジデスの罠を克服できるのか
──国際秩序への影響力

第6章
アジア太平洋には米中を受け入れる空間があるのか　99
── 協力と対立が併存するダイナミズム

パワー・シフト環境下の米中関係　99

米中「戦略的競争」とは何か　100

米中対立は管理できるのか ── 焦点としての両軍関係　103

アジア太平洋地域の「現状維持」は可能なのか　106

対立と協力はバランスするのか　109

第7章
中国はなぜ南シナ海へ進出するのか　115
── 力に依拠した秩序変更の試み

どのような手段を用いているのか　115

武力による支配拡大の歴史　116

領土・主権と海洋権益の確保　117

海上交通路の安全確保　120

米軍優位の打破　121

海上法執行機関による支配拡大　122

演習を通じた軍事力の誇示　124

軍事的優位確立に向けた動き　125

リバランスを強化する米国　126

秩序をめぐる米中の戦略的競争　127

第8章
中国と台湾の関係はどうなるのか 129
—— 中国は台湾の民主主義とどのように向き合うのか

台湾問題の重要性 129

台湾問題の起源 130

国民党政権との対峙 131

「平和統一」と経済文化交流 132

民主化する台湾と向き合う 134

米中関係の争点としての台湾問題 136

「統一」促進から「独立」阻止へ 137

中台交流の深化と「台湾アイデンティティ」 138

国家統合のカナメ 140

中国の姿を問い続ける台湾 141

東アジア国際政治の焦点としての台湾 143

第9章
台頭する中国と米国外交 145
—— 「ツキジデスの罠」から脱却できるか

「大国政治の悲劇」と「リベラル国際秩序へ恭順」の狭間 145

「責任あるステークホルダー」論から「戦略的再保証」へ 147

アジア太平洋地域への「リバランス」政策と中国 150

「グランドバーゲンによる協調」か「長期的な競争」か 153

≫グランドバーゲンによる協調1 ——「新型の大国関係」 154

≫グランドバーゲンによる協調2 ——「戦略的再保証」 155

≫長期的な競争関係1 ——コスト賦課による望ましい秩序形成 156

≫長期的な競争関係2 ——米国の競争優位の確保 157

米中の均衡状態をつくり出すことができるか 159

編著者・執筆者紹介 162

第1部

リプセット仮説を乗り越えたのか

――中国共産党一党支配の持続力

第1部で論じてゆくこと

第1部は**「豊かな権威主義国家」**という中国共産党による一党体制の生命力をめぐる問題を考える。

第1章は、かつて、少なくない人々は、中国共産党による一党体制の持続を展望することはなく、むしろ体制の脆弱性と崩壊の可能性に関心を寄せていた。こうした予想と現実は異なった。なぜ、中国の未来展望を見誤ったのか。その理由を問う。中国政治を観察する視点を問う。

第2章は、中国共産党による一党支配が持続しているにもかかわらず、抗議運動が増加し、中国社会の不安定化している現実の中国政治社会に注目した。政治体制の安定化と社会の不安定化という、二律背反する政治社会現象の背景を考える。

第3章は、これまで中国共産党が一党支配を持続させてきた要因を整理したうえで、この政治体制が今後も持続する可能性について考える。

第1章

豊かな権威主義国家の統治能力

――なぜ支配の持続を見誤ったか――

加茂 具樹

なぜ見誤ったのか

　1989年の天安門事件からしばらくの間、人々が想像した中国政治の未来は、今日の中国の姿とは大きく異なっていた。あの当時、少なくない人々は、早晩、中国政治は民主化して中国共産党による一党支配は崩壊するだろうと展望していた。

　しかし中国の政治体制は、あれから四半世紀にも及ぶ長期の急速な経済成長を実現し、安定を維持している。そして中国は、増大した国力を背景に、国際秩序に大きな影響を及ぼす大国としての意識を強く表しはじめている。

　中国共産党による一党支配は持続している。しかもこの政治体制はただ生き残っただけでなく、繁栄しているのである。

　なぜ、四半世紀前の私たちは、中国共産党の一党支配は長続きしないと思ったのか。その理由の一つが、経済成長とともに中産階級が誕生したことをはじめとする社会構造の変化が政治の民主化を誘導する、という考え方であった。リプセット（Seymour Lipset）は、経済発展と民主主義との間に統計的な相関関係が存在していることを確認したうえで、この関係が生まれる要因として**経済発展によって民主主義的な規範をもつ中産階級が登場するという社会構造の変化を指摘していた。民主主義が社会に定着するうえで、彼らは重要な役割を発揮するという考え方**である。いわゆる**リプセット仮説**といわれる。この仮説は、

やや誇張すれば、いわば人類の歴史的な経験をふまえた共通知的なものとなっていた。

この仮説に加えて、1980年代末のベルリンからウランバートルにいたる、一連の社会主義国家のドミノ倒しのような体制の崩壊や、フィリピンや台湾、そして韓国とアジアの急速な経済成長を実現してきた政治体制が連続して崩壊したことは、民主化の波といわれる「第三の波」がアジア、そして中国にも到来していることを深く印象づけた。中国がこの波にのみ込まれることは不可避だ、と人々に確信させたのである[注1]。

第二次世界大戦後、経済成長を国家目標に据えた発展途上国の政治指導者達は、経済成長の優先と社会秩序の安定を実現するために、権威主義的な政治体制を選択してきた。しかし、その後、経済成長に成功した政治体制の多くは、社会が豊かになるとともに、その政治的役割の終焉を社会に告げられてきた。多元化した社会の要求に、一元的な政治体制は応えることができなかったのである。

ある指導者は平和的に民主的な政治体制へ移行することを選択し、ある指導者は大衆に政権の座から引きずり下ろされた。ところが中国では、社会が豊かになっても権威主義的な政治体制は役割の終焉を告げられることはなく、体制は持続することに成功しているようにみえる。経済成長によって中国社会には豊かな新しい社会階層が登場したが、彼らは中国共産党による一党支配に対抗的な行動を明示的にはとってこなかった。中国政治は多くの人々の予想とは異なる道を歩んできた。

こうした「**豊かな権威主義国家**」中国の登場と、その持続は、中国政治研究の大きなパラダイムの変化をもたらした。**中国の政治研究における中心的な問いが「いつ民主化するか」から、「なぜ中国共産党による一党支配は持続しているのか」に変化した**のである。政治体制の崩壊の可能性を論じる研究から、政治体制が生き残ることができた理由を解き明かそうとする研究への変化である。もちろん「これまでのところ」生き残っている理由だ。

また、豊かな権威主義国家中国の登場は、国家の統治のあり方に関する論争にも火をつけた。中国政治は新しい統治のモデルを見出したというのである。

中国の投資家であり政治学者であるエリック・リ（Eric Lee）は、有名なTed Conferenceの2013年の大会において、「A tale of two political systems（2つの政治体制の物語）」と題するスピーチは話題を集めた。リは、中国共産党

の一党支配でありながら世界第二位の経済大国に導いたという「成功」に言及しながら、「社会が発展するにともない、資本主義社会を形成し、複数党から成る民主主義になる」という道とは異なるいま１つの国家の成功の道があるかもしれない、すなわち、**「選挙によって選出された政府による統治」とは異なるすぐれた統治のかたちがあるかもしれない**と力説した。リは、中華人民共和国の「成功」は、人類社会の発展の道は多様であることを示唆しているのかもしれない、という問いの提起に成功しているという。彼の発言には、本当に、中国共産党が、リプセット仮説の適応を回避する新しい術を見つけ出したかもしれないと思わせる説得力があった。

　豊かな権威主義国家中国の登場は極めて興味深い課題を私たちに提起している。なぜ、四半世紀前の私たちは中国共産党による一党支配の展望を誤ったのかである。本章は、この問いについての理解を深めてゆく。

不安定論の理屈

　政治学を学ぶと、民主的な政治体制であろうが権威主義的な体制であろうが、いかなる政治体制であっても、社会からの要求、すなわち民意を無視する政治体制は持続できないことを理解する。豊かな権威主義国家中国の統治の要もまた、如何にして社会の要求の所在を的確に把握するのか、という点にある。

　この問題を考えるとき、デイビット・イーストン（David Easton）の**政治体系という考え方**が役に立つ[注2]。政治体系とは、諸価値の権威的配分と、その配分という決定を社会に受け入れさせるという２つの特質をもつ、様々な役割を担う成員によって構成される。政治体系を政策決定機構と置き換えてもよいだろう。

　イーストンは、この政治体系が持続するという概念を、政治体系の中心にある政治過程が循環していること、と定義している。この循環する政治過程は、①社会を構成する個人あるいは集団ごとに異なる価値を表している要求が政治過程にインプットしていく過程と、②権威的配分という政策決定に変換されるアウトプットの過程、そして、③執行された政策決定が社会に影響し、その結果、体系の成員が体系に対して支持の感情を持つ、および体系に対してさらなる要求を表出するというインプットの過程にフィードバックする過程、によって形づくられている。

図1-1 政治体系と循環する政治過程

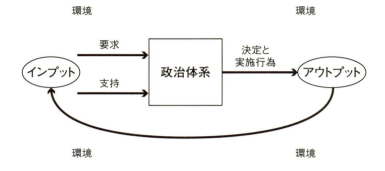

〔出典〕イーストン『政治生活の体系分析［上］』（2002）を基に作成。

　つまり、1つの政治体系が存続することとは、インプットとアウトプット、そしてアウトプットのあと再度インプットの段階にフィードバックするという政治過程が、途切れなく結びついた流れ（フロー）が成立していることを意味している（図1-1を参照）。

　ここで注目しておくことは、政治体系が持続するためには、政治過程のフローが単に成立しているだけでなく、政治体系へのストレスを可能な限り低くし、安定的な流れ（フロー）が実現していることが重要だということだ。適切な政策決定に必要な情報がインプットされ、政治体系の成員が決定したアウトプットに対して、社会が表出した利益に順応的なものであると評価し、社会が政策決定機構に対して一体感を抱いたとき（「支持」の表明）、政治体制は持続するのである。

　政治体系の持続にかんする概念整理をふまえて考えれば、民主的な政治体制は、権威主義的な政治体制よりも政治体制を持続させることができることになる。少なくとも持続させるためのコストは権威主義的な政治体制よりも低いだろう。なぜなら民主的な体制のもとで人々は、国家の指導者を選出する選挙や陳情活動、行政訴訟などの司法の活用、あるいはメディアでの発言等をつうじて、政策決定機構、すなわち政府に要求を訴える様々な手段をもつからである。この結果政府は、政策決定に必要なより多くの情報を手にすることができる。また政府は国民によって選出されることから、自らの政策決定と執行が国民の要求に応えているかどうかの責任を負う。そうであるがゆえに、理念上は、

民主的な政治体制は安定し、持続するとみなされてきた。

　一方で、権威主義的な体制における政治過程は、社会と政策決定機構とのあいだに循環する情報は民主的な体制と比べて不十分であることから、政治過程の循環を持続させることは難しいとみなされてきた。

　なぜなら権威主義的な体制に住む人々は、政策決定機構に対して要求を表出する手段は限られているからである。加えて多くの権威主義的な体制は、議会や選挙や政党といった民主的な制度を設けてはいるものの、その活動は制限されているために政策決定機構は社会が表出する要求を十分に汲み取ることはできず、またできたとしても適切に集約、調整して政策化することは難しいと理解されてきた。

　そして社会は、政策決定機構には自分たちが表出する要求を的確に集約、調整する能力がないと判断したとき、やむを得ずに暴動という制度外の非合法的な方法を用いて要求を表出しようとするのである。また、これらの体制の政策決定機構は、自由で民主的な手続きを経て選出されたわけではないことから、そもそも自らの政策の決定と執行について社会に対して責任を負う意識は乏しい、とみなされてきた。だからこそ天安門事件以後の1990年代、中国政治研究者の中心的な研究関心は、ソ連や東欧諸国の民主化の実現とその背景にあった市民社会論に強い影響を受けるかたちで、中国の市民社会の成長と異議申し立て活動の活発化が中国共産党による一党支配に与える影響を析出することに注力してきたのである。

　これが、中国の政策決定機構は社会が表出した要求に対して順応的な政策を選択する可能性は低く、中国社会は政治体制に対する不信感（不支持）を強めてゆく傾向にあるために、中国の政治体制は構造的に不安定であるという考え方の背後にあるロジックであった。

＼ 低く見積もった統治能力

　しかし、**中国共産党の一党支配は、かつての予想よりも長く持続している**。この理由を政治体系の持続の概念に沿って理解しようとするのであれば、安定した政治過程のフローを実現させる能力に注目することになる。中国の政治体制が予想よりも持続しているということは、これまで私たちは、その能力を低く見積もりすぎた、ということを意味しよう。

蒲島郁夫は、この政治過程の安定的なフローを実現させる能力を、**統治能力**という言葉で説明している[注3]。蒲島は、政策決定機構である政府が政治参加をつうじて伝達される社会の選好に順応的に反応するとき、また社会が参加をつうじて国家と一体感を持ったとき時政治システムは安定するが、政府が社会の選好に拒否的に反応したり、社会が政府に著しい不信感を持つようになると、政府と社会の間には緊張が高まってくると論じている。

蒲島は、**政府の統治能力を社会の選好に対する応答の能力と定義**している。政府の統治能力が低ければ低いほど、政治参加によって伝達される社会の選好に政府は適切に応答できないので、そうした政府は政治参加を強権的に抑えようとする。物理的な強制力が十分高ければ、一定の期間、社会の要求を抑えることは可能であるが、ある一定限度を超えるとちょうど堤防が決壊するように政治参加は一挙に噴出し、政府と市民の緊張関係はいっそう高じてくるというのである。

さらに蒲島は、統治能力の成長という概念を提起し、政治の歴史的展開の中心的論点を、次のように提起していた。興味深い整理なので引用しておこう。「一般的に政府は、政治参加のチャネルを拡大し、異なる社会の選好を効果的に調整するという困難な決定を何度も経験することによって統治能力を高めることができるが、政府はそのような手続きを踏むよりも、政治参加の抑制、情報の非公開、政治的制裁に頼って効率的に国家を運営するという近道を選びたがる。政治の歴旻は政治参加を抑制しようとする政府と、参加の権利を求める市民の葛藤の歴旻と言っても過言ではない」。

この蒲島の論点整理をふまえれば、**中国共産党の一党支配がこれまで持続できた理由**は、中国共産党が**社会の選好に適切に応答できる能力**を持っているということになる。そして、**一党支配の持続を見直すことができなかったことの意味**は、この**応答する能力**を、私たちが適切に正当に評価することができていなかったということになる。

統治能力を再評価する

では、適切に評価してこなかった統治能力とは具体的にはなにか。その典型的な事例が、選挙や政党、議会といった民主的制度の政治的機能である。中国の人民代表大会の政治的機能だ。

厳密にいえば人民代表大会は議会ではない。立法機関であるとともに権力機関であるからだ。しかし、この政治的機能を理解するためには、権威主義国家における議会という民主的制度の政治的機能にかんする研究成果を援用することは極めて有用である。

民主的な国家と同様に、権威主義的な国家にも選挙や政党、そして議会が設けられている。選挙を実施するにも、政党を組織し運営するにも、議会を開催し、運営するにもコストはかかる。にもかかわらず、なぜそうした制度を権威主義的な体制の政治指導者は取りそろえるのだろうか。

周知のとおり、民主的な体制とは異なり権威主義的な体制の議会の活動は制限が設けられている。複数の政党が存在していたとしても、そのうちの1つの政党が他の政党よりも政治的に優位であるという政治原則が憲法に明記されている。議員を選出する選挙がおこなわれているとしても、選挙への立候補は制限され、仮に立候補したとしても選挙運動は妨害される。そして操作された選挙の結果、議会を構成する議員の圧倒的多数が特定政党の党員によって占められ、議会の運営は特定の政党の意思に操られる可能性が大きい。いわば偽装された民主的制度である。しかし、もちろんそれは民主的な国家であることをカモフラージュするための装置ではない。

これまで権威主義国家の民主的制度の活動に関心をもつ研究者は、その政治的な機能の活発化が民主化を促す働きをするかどうかに注目してきた。近年、この問題に関する研究は、1つの結論を導き出している。権威主義国家の民主的制度は民主化を促す働きをすることはほとんどなく、かえってそれは政治体制の安定性を高める役割を担うというものである。

こうした権威主義体制の民主的制度の政治的機能を「体制の持続」という概念と関連づけて理解するためには、その体制におけるトップリーダーが体制を持続させるために克服しなければならない政治課題とは何かを理解することが近道だ。スボリック（Milan W. Svolik）によれば、権威主義的な政治体制のトップリーダーには克服しなければならない2つの課題がある[注4]。1つが指導部内エリートとの間の権力の共有の問題である。

権威主義体制のトップリーダーは、1人で国家を統治するわけではない。現実には他の複数の指導部内エリートと協力し、任務を分担しながら国家を統治する。政治体制の安定を維持するためには、トップリーダーは指導部内エリートとの対立や、彼らの離反を防ぎ、安定的な関係を構築しなければならない。

いま１つの課題が、社会に対する管理をめぐる問題である。トップリーダーおよび指導部内エリートは、あたかも彼らを取り囲むように存在する大衆による挑戦を未然に防ぎ、もし彼らによる敵対的な行動があった場合には対抗する必要がある。

これらの課題を克服するために、権威主義体制のトップリーダーは民主的制度がもつ、体制を安定させるための政治的機能を活用してきた。ガンディー（Jennifer Gandhi）や久保慶一によれば、それは３つあるという注5。第１には、トップリーダーと指導部内エリートとの間のコミットメント問題を克服し、「指導部内エリートの離反を防止する」機能である。トップリーダーは民主的制度が体制内エリートたちと権力を分有し、安定的な関係を構築する手段として機能することに期待してきた。コミットメントの問題とは、指導部内エリートはトップリーダーが提示した自らに安心を供与し取り込むことを目的とした権力分有の提案を実際には履行しないのではないかと疑うことを指す。民主的な制度はトップリーダーの提案を法律・法規あるいは決議に置き換える役割を担う。提案を制度として確認すればトップリーダーは勝手気ままに提案を変更したり、無視したりすることはできなくなる。こうして民主的制度は指導部内エリートのトップリーダーに対する疑いをおさえ、対立、離反を未然に防ぐ働きをするという。

第２には「反体制勢力の抑制と弱体化」機能である。権威主義体制のトップリーダーは、潜在的あるいはすでに明示的な存在となっている反体制勢力の勢力の伸張を抑えるための手段として民主的制度が機能することを期待してきた。議会という場での予算案の審議や法制度の整備の機会をつうじて、トップリーダーは反体制勢力に予算を選択的に分配し、法律の制定をつうじて政治的資源の配分を制度化することができる。こうして民主的な制度は、彼らを分断し、団結することを阻止して、勢力を弱体化させることができるという。

そして第３が「統治の有効性の向上」機能である。トップリーダーは民主的制度の、政策決定に必要な情報、すなわち社会の要求や不満を把握する機能に期待してきた。民主的制度をつうじて収集した情報をふまえて、政治指導者は社会の期待に順応的な政策を形成、執行する。そうすることによって、国民の体制に対する支持を高めることができる、というわけである。

「統治の有効性の向上」に貢献する政治制度の「発見」

　今日、人民代表大会もまた、他の権威主義体制下の民主的制度と同じような機能を発揮していることが明らかになっている。しかし、こうした「発見」は最近のことであった。それまで、中国共産党の党籍をもつ人民の代表である人代代表（議員に相当）が7割以上を占める人民代表大会に、中国共産党や政府の決定を無条件に承認するだけの存在で、「ラバースタンプ」や「政治の花瓶」と揶揄されてきた。しかし、近年の研究成果は人民代表大会に「統治機構の有効性の向上」機能があることを明らかにしている。そしてこれが、蒲島のいう「政府の統治能力」の向上を促しているのである。

　例えば、中央、つまり日本の国会に相当する全国人民代表大会は、改革開放を深化させるための制度的な保障となる経済改革に関連する法律の審議を通して様々な国家機関や中央と地方の利害を調整する場としての役割を担ってきた。

　地方議会に相当する地方人民代表大会は、さらに、より人々の生活に直結した問題を議論してきた。例えば、経済発展にともなう都市の拡大にともない、汚染物質をまき散らす工場の移転先をめぐる問題やゴミ焼却場の設置場所の調整や、あるいは政府が立案した経済発展計画の対象地域の調整のための場として、地方人民代表大会が活用されて、政策の調整が行われていた。「納税者意識」が高まり、地方政府の支出の透明化を求める声が強まり、人民代表大会で審議するために提出が求められる予算案に関する資料は年々充実してきている。

　また、環境保護に関する政府の失政が地方人民代表大会で厳しく追及され、担当政府幹部は辞職を迫られることは少なくない。企業経営者である地方人民代表大会代表は自らが経営する工場の近くに高速道路のインターチェンジを作って欲しいという要求を政府に突きつけ、露骨な利益誘導をする。中央でも地方でも人民代表大会は様々な利害を表出し、調整する場として機能している。こうして、政策決定者は社会が何を欲しているのかを把握するのである。

　中国共産党が操作する選挙をつうじて選出された人民代表大会代表は、そのほとんどが中国共産党員ではある。彼らは中国共産党の鉄の規律に従順な操り人形の様なイメージをもたれているが決してそうではないのである。先行研究は、こうした人民代表大会代表の多様な行動を、政策決定者の「代理者」（政府の決定を自らが選出された選挙区へ伝達する役割）、政策決定者の「諫言者」（政策立案と決定に必要な選挙区の情報を政府に提供する役割）、選出された選

挙区の利益を代表する「代表者」（自らが選出された選挙区の要求を政府に表出する機能）と整理している。

人民代表大会代表の「代理者」としての活動は、中国共産党や政府の決定に対する挑戦的な行動へと発展する可能性があるのではないか、という指摘がある。しかし現実は、そうはなっていない。人民代表大会代表の多くは、政府機関の幹部であったり、地域の有力な国有企業や私営企業の幹部であったり、弁護士や医師、高等教育機関の教員など、社会の政治的経済的エリートである。地域社会の中産階級でもある。彼らは改革開放政策の受益者であり、既存の体制の擁護者でもある。彼らは政策の変更を要求するのであって、政府の変更（革命）は望まないのである。

地域の実情に詳しく、地域が抱えている問題や政策決定者が下した政策の問題の所在をよく理解している人民代表大会代表は、「代理者」「諫言者」「代表者」として統治の有効性の向上に貢献しているのである。

中国共産党は新しい術を見つけたわけではない

権威主義国家中国の展望を見誤ったのはなぜか。どうやら、私たちは中国共産党の統治能力を低く見積もってきたといってよいのかもしれない。見誤ったのは日本の研究者だけではない。

2011年の春の、いわゆる「アラブの春」が中国政治社会にまで波及するかどうかに関心が集まった際、現代中国政治学者であるオブライエン（Kevin O'Brien）は中国共産党が如何にして「親指を発展させてきたのか」を理解しなければならないと語っていた[注7]。この比喩は、チンパンジーとヒトとの相違を頭のなかで描くとすぐわかる。チンパンジーとヒトは非常に似た形態を持つ霊長類である。しかし違いがある。チンパンジーとヒトとの間の大きな違いの一つは、手の指が拇指対向であるのか、そうでないのか、である。ヒトは親指が他の指と対向している。その結果、ヒトは親指を使ってモノをつかむことができる。しかしチンパンジーはできない。

オブライエンは、ヒトとチンパンジーとの間の親指の能力の違いを比喩にして、中国共産党の統治技術に対する外部観察者の理解不足、あるいはその技術の発展の実態に注目する必要性があると訴えていた。ここ数年、中国研究者の研究成果は、社会環境の変化に適応させて中国共産党は能力を発展させてきた

ことへの再認識の必要性を訴えている。その時、「適応力」は、中国共産党による一党体制を論じる際の近年の中心的な概念となっている[注8]。

　権威主義国家中国をつくりあげている様々な政治制度と、それによって生み出される統治能力にかんする理解は、これまで必ずしも十分ではなかった。

　例えば中国のメディアに対する理解もその典型だ。ストックマン（Daniela Stockmann）の研究は、中国のメディアの市場経済化には体制の強靱性を高める効果があることを論じている[注9]。中国共産党の喉であり舌であって、中国共産党の政策を宣伝するための道具としての役割を担ってきた中国のメディアは、1990年代以降、市場経済化の道を歩みはじめた。これについて一般的な見方は、メディア企業の独立採算化が中国共産党のメディアに対するグリップ力の低下を引き起こすだろうというものであった。しかし現実はそうではならなかった。メディアは、市場経済化の道を歩むことによって、商品価値の高いニュース報道を追究する必要性が求められる。そのために中国共産党は、メディアの市場経済化とともに、一定程度、言論空間の自由度を広げることを認めた。この結果、メディアに対する社会の信頼度が上昇することになったという。こうして中国共産党はメディアを通じて社会の選好を理解する強力なチャネルを手にすることになったという。

　中国をはじめとする権威主義国家をかたちづくっている政治制度は、まだ多くの研究の余地を残している。

　政治制度について、私たちの理解が不十分であることは枚挙にいとまがない。例えば、「社会的爆発（Social Volcano）」にかんする問題だ。改革開放の進展にともない、中国社会は貧富の格差が拡大し、不公平と不公正、不平等が深刻化するにともない、「群体性事件」といわれる暴動が頻発するようになっている。「社会的爆発」とは、この暴動が、次第に、点から線となり、そして面となって中国社会は野火のように全国的な範囲に拡大する、のではないかという見方だ。しかし、現実にはそうなっていない。

　これについては、いくつかの優れた研究がある。理由を要約すれば、中国の社会階層は多用であり、層ごとに問題意識や不満、要求、期待は異なる。したがって、暴動の起因となる不満は個々に異なる問題関心に因るものであって、個々の暴動が相互に連携することは容易ではないということだ。また、不満は地域の政策の失敗に対する不満であって、体制に対する不満ではなく、体制の崩壊を目的とした暴動にまで成長することは容易ではないという。

本章での議論をふまえて導き出すことができる結論は、1つには、私たちは中国共産党の統治能力を注意深く評価すべきだということである。かつて私たちは、その統治能力を低く見積っていた。しかしもちろん、リプセット仮説を永遠に回避する術を中国共産党が見いだしていたわけではない。

　もう一度、政治体系論にもどって、中国共産党の統治能力を考えてみよう。政治体系が存続する要は、インプットとアウトプット、アウトプットからインプットへのフィードバックという政治過程が切れ目なく連続することによって、社会が政策決定機構に対して一体感を抱くこと、つまり「支持」の表明にあると説いている。それでは、これまで社会は何に対して「支持」を表明してきたのか。それは、長期の急速な経済成長の実現という中国共産党の「パイの拡大」を実現する能力に対してであった。

　しかし、これまでのように経済成長を見込めない状況の下で、今後の中国共産党に求められる能力は、限られたパイを如何に配分するかだ。分配は難しい。パイが拡大してゆく過程であれば、仮に一時的に分配に失敗があったとしても、それは先鋭化した問題にはならない。今日の配分に不満があっても、明日の配分で取り返すことができると信じられているからだ。しかし、パイの拡大を期待できない状況の下では、今日の配分は重要だ。明日の配分に期待できないからだ。

　そして、分配の中身は経済成長の成果だけでない。持続的に成長するためのコストやリスクも含まれている。急速な成長期を過ぎた今後の中国社会は経済成長のコストがどのように配分されるのかに神経を尖らせている。いわゆる、NIMBY（Not in My Backyard＝「うちの庭は嫌」）現象が中国でも普遍的に見られるのである。

　このように考えれば、中国共産党がリプセット仮説を永遠に回避する術を見出したわけではないことは明らかだ。今日の中国政治研究は、たしかに、中国共産党の一党支配が社会の支持を獲得するための能力を思いのほか備えていることを明らかにしてきた。しかし、そうした能力が発揮されたのは、経済成長が約束された状況の下でである。コストやリスクの再配分に注力しなければならない社会において、かつてと同じように、中国共産党は高い統治能力を保つことができるのだろうか。

　中国の政治社会は、急速な経済成長が約束されている時代とは異なる新しい状況下にある。中国共産党は、それまで経験したことのない環境に直

面している。新しい統治能力が求められている。

（かも・ともき）

注1）ハンチントン著、坪郷実［ほか］訳『第三の波──20世紀後半の民主化』三嶺書房、1995年
注2）D. イーストン著、片岡寛光監訳『政治生活の体系分析［上］』早稲田大学出版部、2002年
注3）蒲島郁夫『政治参加』東京大学出版会、1988年
注4）Svolic, Milan（2012）*The Politics of Authoritarian Rule*. Cambridge：Cambridge University Press.
注5）久保慶一「特集にあたって──特集・権威主義体制における議会と選挙の役割」『アジア経済』Vol.54 No.4（2013.12）, pp.2-10。Gandhi, Jennifer（2008）*Political Institutions under Dictatorship*. Cambridge: Cambridge University Press.
注6）例えば、O' Brien, Kevin（1994）, "Agents and Remonstrators: Role Accumulation by Chinese People' s Congress Deputies," China Quarterly, No. 138. Kamo, Tomoki（2012）, "Representation and Local People' s Congresses in China: A Case Study of the Yangzhou Municipal People' s Congress"（co-authored with Hiroki Takeuchi）, Journal of Chinese Political Science, Vol.17, No.4.
注7）O' Brien, Kevin（2011）, "Where 'Jasmine' Means Tea, Not a Revolt", *New York Times*, April 2.
注8）Dickson, Bruce J.（2010）, "Dilemmas of party adaptation: the CCP' s strategies for survival," in Peter Hays Gries and Stanley Rosen eds., *Chinese Politics: State, Society and the Market*. London: Routledge. Dickson, Bruce J.（2011）, "No 'Jasmine' for China," *Current History*, September.
注9）Stockmann, Daniela（2013）, *Media Commercialization and Authoritarian Rule in China*. Cambridge: Cambridge University Press.

第2章

中国社会の格差と共産党の統治

──歴史的視点からの分析──

鄭　浩瀾

社会的不安定と体制的安定の共存

　周知のように、1992年の鄧小平の「南方談話」以降、市場経済体制の確立という目標が明確に掲げられ、住宅や医療、教育など民衆生活の様々な側面において市場化改革が進んだ。それに伴い、高い経済成長率が実現され、国民全体の生活水準が上がったが、貧富の格差をはじめ、環境問題、官僚の腐敗問題などが生まれている。そのうち、**近年最も注目される問題が経済的格差の拡大**である。

　中国社会科学院が2015年末に公表した『社会青書』[注1]によれば、現在の中国社会は矛盾や衝突が多発する時期に入っており、とりわけ富裕層と貧困層、官と民との間に存在する社会矛盾が顕著である。「集団抗議事件」[注2]が年間十数万件まで増加したことが示しているように、社会は様々な面において不安定な要素を呈している。ジニ係数をみると、2012年の時点で社会紛争が多発する「警戒水準」の0.4を大きく超えて0.61に達したと報告されている。

　本章は、格差の問題に注目して、現代中国社会の変容と共産党（以下、党）の支配との関係について検討する。経済的格差に関する先行研究はこれまで数多く存在し（王文亮、2009；阿古智子、2014）、その多くは格差の現状解明に力点を置いている。しかし現段階では共産党による一党支配は揺るぐことはなく、全体的には安定が保たれている。**この社会的不安定と体制的安定の共存をどの**

ように**解釈するのか**。本章は、歴史的な視点から社会的格差の拡大と党の支配との関係を検討する。歴史的視点を用いるのは、現状分析だけでは格差問題の形成要因とその政治的影響を十分に検討することができないと思われるからである。**現在中国の格差問題は党の支配と関係する側面もあれば、近代国民国家の形成の歴史や産業化の歴史と関係する側面**もある。また格差の拡大が政治に与える影響についても、党と民衆の関係の歴史から検討する必要があるだろう。

　以下、まず近代的国民国家の形成と格差との関係を捉え、その上で、現在の経済的格差の問題がどのようなメカニズムで生まれたのかを分析する。その後に、歴史的視点から格差が拡大する社会と党の統治との関係について検討する。

地域、国民国家と格差

　中国にはアメリカ・ヨーロッパとアフリカが同時に存在していると、よくいわれる。北京、上海等の大都市では、インフラ設備や公共サービルの充実により実際の生活感覚は先進国とほぼ変わらないが、それに比べて中部・西部地域の農村では、水道さえ普及していないところがある。このような地域的格差が生じたのは制度的・政策的要因もあるが、自然環境に起因するところもある。ここでまず、地域的格差と自然環境との関係をみよう。

　中国の国土面積は日本の約26倍に相当するが、山地、高原と砂漠が国土の3分の2を占め、主に西部地域に位置するのに対し、**農耕に適する平原地帯は主に東部地域に集中し、面積が限られており、国土の12％しか占めていない**。北部と南部との違いも顕著である。黄河を中心とする地域は高土高原が広がり、小麦や雑穀を主食とする北部地域であり、長江を中心とする地域は水田が多く、稲米を主食とする南部地域である。

　自然環境の差異によって交通手段の発展状況や地域的経済の発展水準などが異なる。古来「南船北馬」といわれるように、中国北部では交通手段として車馬がよく用いられ、都市間でかなり発達した道路網が建設された。それに対して、長江水系の本流と支流が集まった南と東の地域では、陸路よりも河道や運河を結んだ水運が重視され、とりわけ宋の時代以降、政府は水路（特に大運河）の維持と改修に力を注いだ。大運河と長江水系を幹線に結ばれた水運の発達にともない、中国東南部は宋の時代より経済が発展し、経済的都市の繁栄がもたらされた。このように、「陸上交通に依存する西北部、西南部は社会・経

済的に次第に発展から取り残され、沿海部と内陸部との大きな格差を生み出していった」（石原潤 [ほか] 編、2007、pp.213-229）。しかし、こうした経済的格差を王朝時代の中国社会は特に問題として認識してこなかった。

　格差の問題は、近代に入って以降、顕在化するようになった。その背景には、**近代国家が主導する初期的な工業化は安価な労働力**を必要としたことがある。19世紀の新興工業国の歴史が示すように、産業革命とそれに伴う工業化は所得不平等を拡大し、第一次世界大戦直前のヨーロッパとアメリカ社会では不平等の状況が深刻であった（ジェフリー・G・ウィリアムソン、2003）。同様な現象は、日本の近代化の歴史にもみられる。近代日本の資本主義の発展に伴い、女工や農村からの出稼ぎ労働者などが工場労働者として働き、都市の貧困層と富裕層との間に大きな格差が形成された。また、明治維新以降の近代日本は、士農工商の身分制度を廃止し、万民平等のスローガンを掲げたとはいえ、アイヌ族、部落民、在日朝鮮人、さらにハンセン病患者など、国家にとって「非文明」や「不潔」な存在を排除し、差別化を行ったことも見落としてはならない（黒川みどり・藤野豊、2015、pp.3-16）。

　現代中国における経済的格差問題についても、近代的国民国家の形成と工業化発展の視点から捉える必要があるだろう。1912年に成立した中華民国政府は、衛生制度、教育制度など社会近代化の改革に努めた近代的政府であったが、地方軍閥の勢力の存在によって中央政府としての求心力は弱く、社会統合に多くの労力を費やさざるを得なかった。その社会統合は日中戦争の勃発以降、過酷な徴税と徴兵を通して急速にすすめられたことにより、地域社会における格差の拡大や地主と農民との対立を招いた。その結果、一部の富裕者に対する怨恨や敵意が広く共有され、党が掲げる階級闘争の論理や土地革命を受容する社会基盤の形成につながったといわれる（笹川裕史・奥村哲、2008、pp.251-255）。

　毛沢東時代は根本的には、国家が国民一人一人を管理し、それによって重工業化を行った時代であった。建国後の土地改革によって富の再分配が行われ、人口の多数を占める農民は土地をもらうようになったが、**国家は「階級成分」という新たな区分法で事実上、社会階層を固定化**させた。革命に参加した経験がある階級の良い家庭と、かつて地主や「反革命分子」だと判定された階級の悪い家庭との間には、身分上の差別がつくられ、それは事実上の社会階層の差として定着した。

　また、当時現金収入の格差は今日のように顕著ではなかったが、生活水準や

労働環境など様々な面において農村と都市との間には大きな格差があった。国家はまず、**食糧の「統一買付・統一販売」**を実施し、農民から「余糧」（計算上の自家食糧を上回った分）を強制的に買い上げ、同時に農産物に対する買付価格を低く設定することによって工業原材料を安く調達することができた。次に1958年に**農村戸籍と都市戸籍を厳格に区別**することを通して、農村から都市への流入を厳しく規制し、農民を農村に縛り付けた。1959〜1961年の大飢饉の際に2000万人以上の犠牲者が出たのは主に農村地域であったことからわかるように、**毛沢東時代における重工業の発展は農民の利益を犠牲にし、農村からの資源を争奪する**ことを前提としたものであった。

毛沢東時代の「遺産」と格差

　以上のように、**格差の問題は近代国民国家の形成史のなかでよくみられることであり、決して今日に突然現れた問題ではない**。毛沢東時代においては農村と都市との間にすでに大きな格差が生まれていた。その格差は、近代国家建設に必要な重工業化のために人為的に作られたものであった。

　今日における貧富の格差の拡大は、毛沢東時代の「遺産」と関係している。貧富格差の要因として、よく指摘されているのは、戸籍制度や社会保障制度の不備である。つまり、農村戸籍を持つ農民の出稼ぎ労働者が都市住民と同様な社会保障や教育などの公的サービスを受けることができない等、社会保障の面における制度的改革が遅れていることである。しかし、現在の中国における経済的格差の問題は、戸籍制度の改革や社会保障制度の整備によって解消されるものではない。なぜならば、**現在の中国社会における格差の拡大は、市場メカニズムによってもたらされた労働賃金の格差という経済的な問題だけではなく、党と国家の公権力と資本が一体化したことによって生じた政治的な問題**でもあるからである。そしてこの**「公権力と資本との癒着」は、毛沢東時代の「遺産」から生まれた**ものである。

　セバスチャン・ヘイルマン（Sebastian Heimann）とエリザベス・J・ペリー（Elizabeth J.Perry）の研究は、1949年以前の革命時代につくられた大衆動員やゲリラ戦などの戦略が現在の党の支配に活かされていることを指摘し、**党が如何に過去の歴史的経験に基づいて柔軟に社会の変化に対応しているか**を描いている（Sebastian Heilmann and Elizabeth J. Perry, 2011）。同書の見解に筆者も賛成する

が、かつてのソビエト革命時代だけでなく、毛沢東時代によって生じた変化にも注目すべきであると思われる。その変化とは、主に国家が社会の隅々までコントロールする組織体制が毛沢東時代にでき上がったことをさす。

建国当初の中国社会には様々な民間団体、民営企業、様々な思想を持つ民主党派や知識人が存在していた。しかし、朝鮮戦争勃発後、土地改革や「反革命鎮圧運動」といった政治運動は急進化し、その結果国家による統制が強化された。また、1950年代半ばから始まった社会主義建設運動に伴って、党は上から下へと各行政レベルの権力を掌握する体制をつくり上げ、さらに、1957年の「反右派闘争」を通して民主党派や知識人に対する思想統制を強化し、社会の末端レベルまでその権力を浸透させた。このような中央から社会の末端にまで浸透する党と国家が一体化した行政体制は、毛沢東時代の「遺産」として今日に残っている。改革開放以降の経済発展はまさにこのような構造のもとで行われたのであり、結果として「公権力と資本との癒着」という問題が生じている。

「公権力と資本との癒着」は、現在の経済的格差の拡大を促す3つの要因を形成してきた。

第1に、土地の公有制に基づく地方政府の商業的な開発である。30数年以来の経済発展は党と国家が一体化した行政体制の主導のもとで行われており、その背景には毛沢東時代から土地公有制（都市の土地の国有制と農村土地の集団所有制）が維持されていることがある。この土地公有制の存在を前提にして、地方政府が安価なコストで土地を強制的に収用して、開発行為を行うことができる。農民の土地に商業的な付加価値をつけることによって地方政府と開発業者は膨大な利益を得たのに対して、土地を失った農民は基本的な社会保障を十分に得ることができず、社会の底辺に落ちぶれている。

第2に、国有企業改革による独占企業の形成である。国有企業の改革は、「公権力と資本との癒着」が最も顕著に表れる領域であり、主に2つの段階に分けられる。第一段階は、1980年代に行われた**「放権譲利」**という政策であり、同政策の実施によって国有企業が一定の経営自由権を獲得し、市場化経営のメカニズムが導入された。ただ、それと同時に、国有企業幹部の経営責任に対する監査が十分でなく、幹部の腐敗問題が深刻化するようになった。第2の段階は、1990年代後半からの**「掴大放小」**、つまり、国家にとって重点的な分野の企業に対しては管理を強化して発展させるが、重要ではなく経営状況も悪い企業に対しては国が手放して、市場競争に勝敗を任せるという政策である。同政

策の実施によって、エネルギーや電気通信分野において国有企業が市場独占し、巨大な利益集団をもたらした一方で、経営不振の国有企業が相次ぎ倒産し、膨大な失業層を生み出している。

　第三に、民営企業家への政治的保障の提供である。市場化の進展につれて、民営経済が占める割合が拡大し、民営企業家にどのような政治的地位を与えるのかが党にとって新たな課題となった。2000年2月に江沢民総書記が提起した「3つの代表」思想はこの課題に対する対応策であった。この結果、従来の私営企業家を含む経済エリートは共に社会主義国家を建設する存在として政治的保障を与えられ、富裕層および中間階層と党組織との結びつきが一層緊密になった。他方で、労働者や農民などの多くは大学・専門学校卒業以上の学歴をもっておらず、経済的にも政治的にも発言力が小さくなっている。

＼　民衆と党

≫民衆の認識

　貧富格差の拡大を民衆はどのように認識しているのか。江蘇省哲学社会科学企画弁公室が実施したアンケート調査によれば、格差の形成要因として、社会の不平等に関する制度的問題を挙げる人は、回答者の7割以上を占めている注3。また、社会の下層民衆といえる**「弱勢群体」**（都市の失業労働者や出稼ぎ労働者、農村に残された老人、障碍者と農民など）の多くは、党は特権階級と富裕層の利益を代表していると認識している（樊浩、2012、pp.65-68、pp.456-457）。この調査結果からわかるように、民衆とりわけ下層民衆の多くは格差の現状に不満を持ち、現政権が自分たちの利益を代表していないと認識している。このことは、民衆は不平等な現実を必ずしも受け入れているわけではないことを意味する。

　しかし他方で、民衆には不平等の問題の改善や是正に取り組む動きをほとんど見いだすことはできない。格差是正に関する具体的な提案や意見などは知識人から出ているが、民衆の大半は、貧困層に平等的発展機会を与えるべきであると認識しつつも、富の再分配などを要求していない（Martin King Whyte, 2010, pp.129-159）。ただ、個別の問題について不平等に扱われたり、利益や権利が侵害されたりする場合には、集団抗議やストライキなどの形を通して意見を表出している。

1990年以降、急増する集団抗議事件の大半はこのような民衆の意見表出の具体的な結果である。集団抗議事件は近年、情報手段を利用して組織化される傾向があり、社会による「抵抗」または「反乱」のようにみえるが、その多くは利益をめぐる意見表出であり、その場限りでかつ視野も限定的で一党体制の統治の正当性にチャレンジするものとは言いがたい（Cai, 2010）。これらの事件は暴力が伴うこともあるが、**乱暴な経済開発に対する住民の権利保護活動や意見表出が大半を占めている**。その内容をみると、土地収用をめぐるトラブルが最も多く、5割を占めており、次いで多かったのは、環境汚染、労資関係に関する問題である（李培林［等］、2014）。

　集団抗議事件が急増した背景には、**意見表出の正式なルートが十分に機能していない**ことがあるといわれる。中国の農村では村民委員会、都市では居民委員会という自治組織、職場では労働組合などの組織が存在するが、これらの組織は住民の意見をまとめて政策に影響を与えるような利益団体としての政治的機能はない。土地収用をめぐる集団争議事件からわかるように、かつて毛沢東時代の「遺産」ともいえる土地の集団所有制度が維持されているため、農地が強制的に収用される過程で、土地の実際の使用者である農民を代表する利益団体は不在である。労資関係をめぐる紛争も同様に、労働者の利益団体として労働組合が十分に機能しないため、労働者は労働組合を通して交渉するより、直接資本代表側と交渉して、意見を表出したほうが効率的であると考えている。社会の意見表出をとりまとめて、政府と交渉する能力がある利益団体の不在は、実は党の支配にとって有利であるという見方もある。

　集団抗議事件の参加者は主に利益や権利が侵害された下層民衆であったが、近年環境問題などをめぐって中間層もこの方法を通して利益を表出し、自らの権利を確保しようとしている。中間層の政治参加は、民主主義制度の変革につながるという期待があるが、現実には中間層による集団抗議は、具体的な政策、事件に対する意見の表出であり、政治体制の変革を求めるものではない。

　たしかに、改革開放以降の経済発展に伴って、**中間層が総人口に占める割合が拡大している**。しかし、**中間層の拡大は必ずしも政治的変革につながるわけではない**。園田茂人の天津市におけるアンケート調査の結果によると、都市住民は収入の格差に不満をもちながらも、不平等の原因を政府やその政策に求めず、党と国家に信頼・期待を寄せているのである（園田茂人、2008）。

　民主主義に対する中間層のスタンスは、その国の政治的文脈や経済発展の段

階、社会経済的豊かさへの自覚、他の階層との関係等複数の条件によって異なるだろう。中国の場合では、過去20年間にわたる経済発展と中間層の誕生は一党体制が支配する国家が主導した結果であり、公務員や教員、国有企業の管理者などの中間層の利益や生活は党と政府の統治に強く依存している（シー・チェン、2015）。この点からみて、**現段階では、中間層の厚みが増すことが政治的な安定を突き崩す可能性を過大に期待することはできない**といえる。

≫利益に基づいて行動する大衆

とはいえ、利益に基づいて行動する民衆の存在と一党体制の統治の共存は新しい現象ではなく、20世紀の中国の近現代史を通じてよくみられる現象である。ここで歴史的視点から党と民衆との関係をみてみよう。

中国共産党の革命史に関する研究の進展によって、かつて農民が熱烈に共産革命を支持し、献身的に革命に参加したような論説はすでに成り立たなくなっている。これに代わって民衆が冷静に行動し、革命に対する姿勢が状況によって変化していた実態の解明が進んだ。1920年代末期から30年代のソビエト政権の時代において、党は農民を動員して土地革命を行った際にすでに様々な困難に遭遇していた。そこで現れたのは、地主に対する階級闘争や党の理論に対する理解がなく、現実的な打算に基づいて土地革命に参加する農民や、社会の血縁関係や個人関係に基づいて入党し、党の政策に協力しながらも抵抗する農民であった（高橋伸夫、2007、pp.190-238）。

日中戦争期の党と民衆との関係はどうだったのか。民衆の心性に注目した石島紀之の研究によれば、日中戦争期における民衆の心理は実に複雑なものであり、「団結一致」して抗日する一枚岩のようなものとして捉えることができない。たとえば、共産党政権が支配する太行革命根拠地では、共産党が社会改革を通して、多くの貧農の支持を獲得したが、日本軍に対する民衆の恐怖や不安を消すことができなかった、とりわけ百団大戦後、日本軍の「治安強化」と熾烈な「掃蕩」のもとで、民衆の間には深刻な悲観と失望の心理が広がった。（石島紀之、2014、pp.175-198）。

1949年以降の人民公社化・社会主義化運動をみても、党と民衆との関係は興味深い。一方で、人民公社化運動・社会主義化運動はきわめて短期間で達成され、**民衆から強い支持があったように宣伝されていたが、実際は主に行政による合併であり、上から下へと強制的に行われていた**。そのプロセスのなかで、

民衆から大きな反対勢力は現れず、一見するときわめてスムーズに推進されていた。しかし他方で、人民公社化・社会主義化運動に対して民衆からは大きな支持もしていなかった。実際、農業集団化運動の初期段階において農民による個別的な抵抗が続いていた。農民による個別的な抵抗は、人民公社化運動およびそれ以降の人民公社時代にも続いていた。人民公社化運動の主な推進者は地方の官僚であったが、運動が上から下へと展開された一方で、会計管理の混乱や合作社に対する認識の不足、農民の生産意欲の低下など様々な問題が生じていた（鄭浩瀾、2009、pp.161-234）。

このような党と民衆との関係は、伝統中国の社会構造のあり方と関係している。社会構造についてここで詳述しないが、まとめていえば、**伝統中国は家族・宗族社会であり、血縁関係を中心とする個人関係の社会**であり、士農工商の強固な身分制度に基づく幕藩体制と団体性の強い日本社会と異なっていた。足立啓二の研究によれば、団体性の弱い社会であるが故に、権力の操作に対する社会からの監督も弱く、社会の諸団体との利益交渉なしで政策が決まる傾向が生じやすい（足立啓二、1998、pp.54-82）。

もちろん、社会構造はこれまで時代の変化にともなって変化し、今後も変化していくだろう。たとえば、1949年以前の中華民国時代には、結社活動が活発で、民間レベルの慈善団体や宗教団体等は公益活動を展開し、一定の自律性を示していた。そして1949年以降の毛沢東時代において、かつての社会の権力支配層が地主から労働者や農民へと変わり、社会は大きく変容した。しかし問題は、1949年の建国から現在にいたるまで、**社会における自律的団体の成長が政権によって一貫して抑圧されてきている**ことにある。

改革開放以降、NGOや宗教団体の数が急増し、その活動も活発になっているが、そのほとんどは国家との協力関係を前提に活動している。民衆の意見をまとめて政策決定や執行の過程に表出するような団体の不在によって、国家権力に対抗する力が社会に欠如し、民衆の意見はばらばらな形で表出される。つまり、**民衆は党の支配に対して強く「支持」もしていなければ、強く「反対」もしていないが、党と国家の権力との「交渉」または「抵抗」は限られた空間**と具体的な問題を中心に行われているにすぎないのである。

民衆の認識は今後どのように変わるのか。現段階では明確な結論がないが、**情報化の進展によって共産主義や社会主義に対する信仰が弱くなり、また集団抗議事件が地域を超えて連携される可能性が潜んでいる**かもしれない。そこで、

支配の安定性を保つためには、党は情報統制や言論統制を引き続き行うことが予想される。また、民衆から「支持」を獲得するためには、党自身の努力が不可欠である。伝統中国では、礼儀と道徳をもつ聖人君子が統治の正統性をもつという認識があったが、このような道徳政治は現在でも続けられており、党は民意または公意の代表者としての姿勢を示し、「民をもって本となす」という党のイメージを維持することに努めている。

「反対」も「支持」もしない社会

本章は、歴史的視点から、貧富格差の形成要因を分析し、現在中国の貧富格差の問題は、近代国民国家形成の歴史に共通してみられる側面と、党による支配のメカニズムに関係する側面の両方が存在していることを明らかにした。後者については、毛沢東時代が党と国家の一体化した体制を残し、同体制のもとで市場経済が推進された結果、「公権力と資本との癒着」という問題が生じ、この「公権力と資本との癒着」こそが貧富の格差の拡大された政治的要因であったことを指摘した。

次に、貧富格差の拡大による政治的影響を、党と民衆との歴史的視点から検討した。結論をいえば、貧富格差が拡大したからといって、社会が不安定となり、一党体制の統治が揺らぐというわけではないということである。

社会と党統治との関係性について、われわれは「抵抗」か「受け入れ」といった二分化されるような思考図式から離れてみる必要があるだろう。現実は、むしろ「受け入れ」の側面も「抵抗」の側面も存在し、この２つ対立する側面が状況によって変わると言ったほうが妥当である。つまり、社会は支配に対して「反対」もしていなければ、「支持」もしていない。両者の関係は状況によって対立・衝突し、状況によって交渉・融合する。

そこでみられるのは、単に一党体制に支配されるような受動的な存在としての民衆の姿ではなく、全体的な政治変革に対して消極的な関心を持つ一方で、個別的な問題や特定の事件に対して意見を積極的に表出し、自らの利益を守ろうとする民衆の姿である。

経済の格差はただ今日の中国社会問題の１つにすぎないが、この問題を通して中国社会と党の統治との関係の一側面をうかがうことができる。党は、情報化や環境問題などこれまでなかった新しい課題に数多く直面している。今後、

社会がどのように変わり、党がどのように対応していくのかについては引き続き注目していきたい。

（てい・こうらん）

注1）　社会青書（中国語：「社会藍皮書」）は中国社会の現状に関する諸問題についての調査結果の発表と現状分析であり、その内容は中国経済の予測から居住の生活状況、社会保障、教育など様々なテーマに及んでいる。

注2）　集団抗議事件とは、ある事件や問題に対して不満をもつ特定の社会集団または不特定の人々が集合して抗議することをさす。

注3）　江蘇省、新疆ウイグル自治区と広西壮族自治区で新興集団、弱勢群体、知識人、公務員、農民、青少年という7つの社会集団を対象に実施した。

【日本語文献】

阿古智子『貧者を喰らう国――中国格差社会からの警告』（新潮社、2014 年）

足立啓二『専制国家史論――中国史から世界史へ』（柏書房、1998 年）

石島紀之『中国民衆にとっての日中戦争飢え、社会改革、ナショナリズム』（研文出版、2014 年）

石原潤［ほか］編『領域と移動』（朝倉書店、2007 年）

王文亮『格差大国中国』（旬報社、2009 年）

黒川みどり、藤野豊『差別の日本近現代史――包摂と排除のはざまで』（岩波書店、2015 年）

笹川裕史・奥村哲『銃後の中国社会』（岩波書店、2008 年）

ジェフリー・G・ウィリアムソン著、安場保吉・水原正享訳『不平等、貧困と歴史』（ミネルヴァ書房、2003 年）

ジー・チェン著、野田牧人訳『中国の中間層と民主主義：経済成長と民主化の行方』（NTT 出版、2015 年）

園田茂人『不平等国家中国――自己否定した社会主義のゆくえ』（中央公論新社、2008 年）

園田茂人『勃興する東アジアの中産階級』（勁草書房、2012 年）

高橋伸夫『党と農民――中国農民革命の再検討』（研文出版、2006 年）

鄭浩瀾『中国農村社会と革命――井岡山の村落の歴史的変遷』（慶應義塾大学出版会、2009 年）

李強著、高坂健次・李為監訳『中国の社会階層と貧富の格差』（ハーベスト社、2000 年）

【中国語文献】

李培林［等］『社会藍皮書：2015 年中国社会形勢分析与預測』（社会科学文献出版社、2014 年）

李培林［等］『社会藍皮書：2014 年中国社会形勢分析与預測』（社会科学文献出版社、2013 年）

陸学藝編『当代中国社会階層研究報告』（社会科学文献出版社、2002 年）

陸学藝編『当代中国社会構造』（社会科学文献出版社、2010 年）

樊浩［等］『中国大衆意識形態報告』（中国社会科学出版社、2012 年）

周暁虹編『中国中産階層調査』（社会科学文献出版社、2005 年）

【英語文献】

Alvin Y. So, *Class and Class Conflict in Post-Socialist China*, Singapore: World Scientific Publishing Co, 2013.

Yongshun, Cai, *Collective Resistance in China: Why Popular Protests Succeed or Fail*, Standford:Standford University Press,2010.

Elizabeth J.Perry and Mark Selden, ed., *Chinese Society: Change, Conflict and Resistance*, London:Routledge, 2000.

Elizabeth J. Perry and Merle Goldman ed., *Grassroots Political Reform in Contemporary China*, Cambridge:Harvard University Press, 2007.

Martin King Whyte, "Do Chinese citizens want the government to do more to promote equality?", in Peter Hays Gries and Stanley Rosen ed., *Chinese Politics: State, Society and the Market*, London: Routledge, 2010.

Sebastian Heilmann and Elizabeth J. Perry ed., *Mao's Invisible Hand: The Political Foundations of Adaptive Governance in China*, Cambridge: Harvard University Press, 2011.

Xi Chen, *Social Protest and Contentious Authoritarianism in China*, New York: Cambridge University Press, 2012.

第3章

支配は続くのか

──「取り込み」戦略の限界──

Macikenaite Vida

一党支配体制と社会・企業との関係

　中国の急速な経済発展に従って、多くの中国研究者は伝統的なリプセット仮説の通り、経済発展が中国の民主化を導くと予測してきた。それにもかかわらず、一党支配が持続し、体制移行を予測する声は稀である。その結果、中国はいつ民主化するのかという問題関心は、リプセット仮説は破綻したのか、一党支配はなぜ安定しているのかという議論に転換した。

　しかし、中国の場合には、リプセット仮説、いわゆる近代化論が破綻したのかという点を議論する前に、経済発展が民主化に直結するという予測が中国に当てはまるのかどうかを検討する必要があると考えられる。1959年の「経済発展に伴い民主化する傾向がある」というリプセット論文以来、多くの論議が重ねられている。統計的には経済発展と民主主義との間の関係性が示されているが、経済発展が必ずしも民主主義をもたらすとはいえない。経済発展の過程における社会の変化を観察する必要があるからである。

　さらに、経済発展が政治体制に与える影響は、経済発展における国家・社会間の関係に依存する。そのため、経済発展が中国の民主化に導くという視点は、近代化論が適応される先進国と中国との相違点が欠落している。中国の経済発展における中国共産党が指導している国家、いわゆる党・国家と社会との関係は先進国と異なっている[注1]。先進国においては国民主導で経済が発展した。

一方で、中国における経済成長は政策に依存している。言い換えると、中国の経済発展は党・国家の主導によるものである。さらに、**中国共産党は民主主義的な手続きを通じて国家を統治する正統性を得ることはできないため、持続的な経済成長が正統性の柱**になっている。その結果、中国の経済発展の過程で、党・国家と社会との間に相互依存関係が構築された。加えて、党・国家と企業との関係も先進国とは異なる。独自の政策の結果、経済エリートと政治エリートとの関係は極めて密接になった。

さらに、経済成長によって一党体制支配の正統性を高めるため、**「取り込み」戦略**を行ったことを指摘したい。主要な企業の経営者を党・国家組織に引き込み、彼らの国際経済の知識と経験を国家発展のために利用しようとした。その結果、一党体制は経済を管理する能力を強化させてきた。さらに、党・国家という組織のなかに経済エリートを取り込む戦略は、社会の中・上流階級を体制のなかに組み入れることを意味するため、体制の安定化にも寄与する。

こういった一党支配体制と社会・企業との関係が、中国における独特な統治モデルをつくりあげた。本章では、中国共産党による一党体制の今後を理解するため、経済発展の原動力の一部であったこの統治モデルを考察する。リプセット仮説の予想を超えて発展する中国において、中国共産党による支配は続くのだろうか。

共産党主導の高度経済成長

言うまでもなく、中国の高度経済成長は、毛沢東の時代における貧困や餓死の記憶が残っている国民にとって望ましいことである。1979年から2015年にかけて平均成長率は10%ほどで推移し、中国国民1人当たりの所得は向上している。『中国統計年鑑2015』によれば、都市家庭の1人当たりの可処分所得は1978年の343元から2014年に28,884元に増加している。農村家庭の1人当たりの純収入は1978年の133元から2014年に9,892元に上昇した。

さらに、中国1人当たり国内総生産額（GDP）は1978年の382元から2014年に46,652元に上がるなか、中国の貧困率は1981年の85%から2012年に7%までに低下した（1日当たり1.25米ドル相当額［貧困ライン］未満で生活する人が絶対的貧困層と定義される）と世界銀行のデータは指摘する。国際連合開発計画（UNDP）は2015年の報告で、ミレニアム開発目標の実現に向けて取

り組んだ中国を成功事例として称賛した。中国は1990年から2015年にかけて貧困を半分で減少するという貧困削減目標を世界で最も早く達成し、2011年までに689百万人から250百万人までに減少させた。

　こういった経済発展の実績は偶然の産物ではない。共産党が試行錯誤しながらも、積極的かつ慎重に立案した政策の結果である。誤解を恐れずにいえば、**中国における高度経済成長は共産党が指導してきたもの**である。1978年に改革開放に踏み切ってからも、政府は5カ年計画を通じて国家の発展の指揮を執ってきた。社会主義市場経済における負の側面が表面化する際には、中国共産党の政府は問題解決のため主体的に経済運営の舵を切りかえようとしてきた。こうして、中国経済や国民を守ろうとしてきた。

　例として、2008年の世界金融危機があげられる。中国は2003年から2007年まで毎年2桁の経済成長を続け、2007年には国内総生産成長率が11.5%に達した。しかし、2008年9月に米国発の金融危機が起こり、第1四半期の10.6%の経済成長率は第4四半期に6.8%と減速し、2008年に5年ぶりに1桁成長の9%となった。これを受けて、中国政府は迅速に対策を打ち出した。2007年から景気の過熱を防止するために実施してきた金利の引上げや、貸出し規制などの金融引締め政策を方針転換した。中国人民銀行は、リーマン・ブラザーズの破綻の翌日2008年9月16日から貸出基準金利の引下げを6年7か月ぶりに実施するなど、様々な財政・租税・金融関連の措置を講じた。

　また、2008年11月9日には、中国国務院常務会議は「内需促進・経済成長のための10大措置」を打ち出し、2010年末までに総投資額4兆元の景気刺激策を実施することとした。その結果、世界銀行が2009年の中国の経済成長率を6.5%と予測する中で7.2%の経済成長率を記録した。

　別の事例として、**2015年6月12日、中国に端を発する株価の大暴落**がある。同年の夏、中国株が40%余り急落し、2016年始めまで低迷傾向が続いた。中国証券監督管理委員会の肖鋼委員長は中国全土の証券当局関係者を招集した2016年1月16日の会合で、「異常な相場変動（ボラティリティー）」の原因は「未熟な市場、経験の浅い投資家、不完全なトレーディングシステム、不備な市場メカニズム、不適切な監督体制」にあると指摘した[注2]。

　危機拡大の回避を目的として、中国政府は一部の銘柄の空売りや売却の禁止、政府傘下のファンドによる数千億人民元規模の買い入れなどを実施した。国内の金融市場を守るため導入した一連の株価てこ入れ策は**高圧的な干渉主義**

政策と批判されたにもかかわらず、共産党自身は「機能不全に陥った市場への対処とシステミックリスクの回避に尽力した」と述べた[注3]。

　経済危機に直面した中国共産党の政府はその効果に対する評価は別として、積極的かつ迅速に対応するために様々な手を打ってきたのである。

一党支配における経済発展

　中国共産党が指導してきた経済成長は、国民にとって望ましい現象である。経済発展は一党支配体制側からしても極めて重要である。それは、中国共産党が国家を統治する正統性を獲得するための主な柱になっているからである。

　こういった経済発展における党・国家と社会との関係を理解するためには、プロレタリア文化大革命とも呼ばれる文化大革命期末にさかのぼる必要がある。**1970年後半には、中国共産党による一党支配は国民の信頼を失い、政治的な危機に直面**していた。1966年に中国共産党中央委員会主席である毛沢東によって発動された文化大革命のもとで、政治的粛清や大量虐殺が行われた。この結果、中国社会は大混乱に陥り、経済の停滞が数年間続いていた。中国国民は彼ら自身が共産党の支配下における権力闘争の犠牲者となったと悟り、大いに幻滅した。

　こういった背景により、1976年9月の毛沢東の死去後政権を握った第二世代の指導者は一党体制の危機に直面した。その後、指導者は戦略転換し、抽象的な共産党の思想を定着させるよりも、国民の生活を向上させることが国民の支持を獲得できると考えた。当時の共産党は経済成長の重要性を見出したといえる。30年以上ほとんど切れ目なく続いた経済成長のもとに、**イデオロギーではなく、生活水準を向上する指導力こそが中国共産党による支配の根拠**になった。

　ここで指摘すべきは、一党体制を維持するにあたって経済成長は不可欠になっているという点である。民主主義体制においては、選挙などの定められた手続きを通じて政権が正統性を獲得するのが一般的である。一方で、選挙が地方レベルに限定されており、**普通選挙がない中国において、中国共産党は、欧米の先進国のように正統性を再確認する手段がない**。その代わりに、共産党の経済成長を実現する指導力が一党支配を正統化する鍵になっている。

党・国家と社会の相互依存関係 ——リプセット仮説は当てはまるのか

　以上で説明したように、中国共産党が、一党支配体制を維持する上で経済成長は不可欠である。そのために共産党は、中国の持続的な経済発展を実現するために党・国家と社会との間に相互依存関係をつくりあげている。こういった状況は、工業化と比較的に高い経済発展水準をより早い段階に達成した欧米の先進国と比べて根本的に異なっている。これは、**中国の経済発展の過程における国家・社会間の関係性は、中国が近代化論の予測に反して民主化しない状況を理解するための重要な手掛かり**である。

　比較政治学においてリプセット仮説として知られている近代化論は、元々、経済学者と経済歴史学者が展開した理論である。この考え方は、すべての社会の経済発展は同じ過程を経験するという考え方を暗黙の前提としている。また比較政治学は、伝統的な社会は近代化の過程においてより適切な政治体制へ移行するという考え方を暗黙の前提としている。すなわち、権威主義体制は、社会の経済的発展とともに異なる政治体制へ移行するというのである。こういった説明は、発展の遅れた途上国は原始的な段階にあり、国家開発を線形過程として説明し、所得水準の向上と民主化を直線でつなげるのである。しかし、こういった理論は統計的な関連性に頼り、国家の社会経済的な構造、文化的な変化といった視点からの説明が不足していると批判されてきた。

　伝統的な近代化論を批判する政治学者によると、民主化をもたらすのは所得水準の向上それ自体ではなく、経済発展にしたがって生じる社会経済的構造の変化である。彼らの説明は、国民を搾取する国家（predatory state）の視点からなされており、産業革命時代のイギリスを参考にしている。近代化の過程にあった絶対王政下のイギリスでは、17世紀までに富裕層は少数の伝統的な農業エリートから羊毛の生産者、商人や金融仲立人という台頭する経済エリートへ徐々に移行していた。収税吏から農地を隠せない一方で、羊は移動して隠すことが可能であった。そのため、新たな富裕層の資産は国家の目が届きにくく、課税が困難であった。体制を維持するため収入が必要な主権者は、経済エリートと協定を結ぶことは極めて合理的な選択であった。その結果、議会をはじめとする民主的な制度の権限が強化し、王政の権力は制限されるようになった。

　こういった説明は工業化を先導したイギリスの経験を参照している。そしてリプセット仮説のもとになった、早期に工業化した先進国における国家と社会

第3章　支配は続くのか　45

の関係について、2つの重要な点を示している。1つは、工業化初期の先進国では、経済発展は国家に依存せず、国民が原動力になったという点である。もう1つは、主権者にとって、経済発展自体よりも経済エリートがもたらす財が重要であったという点である。その一方、**中国は党・国家と社会との間に相互依存関係が存在し、一党体制においては経済エリートが提供する財よりも経済発展自体を必要としている。**

こういった中国特徴の理解を深めるため、以上に説明した党・国家と社会との間の関係に加えて、党・国家と企業の関係をみていきたい。

党・国家に依存する中国企業

中国共産党による経済成長政策のもとで、中国企業は先進国と比べて比較的有利な条件下にある。著名な比較政治学者であるベリン・エヴァが強調しているように、第二次世界大戦後の世界は工業化が進み、経済活動のグローバル化の深化によって、企業間の競争は非常に激しくなっている。中国のように遅れて工業化を経験した国家の企業は、早期に工業化した先進国の企業よりも激烈な競争に直面しているため、国家に強く依存している[注4]。1978年に改革開放に踏み出した中国共産党は、経済発展において企業が果たす役割の重要性を認識し、対内的にも対外的にも企業にとって有利な環境の構築に取り組み、経済活動を促してきた。例えば、世界貿易機関（WTO）のような国際機関に加盟する際、共産党の政府は国内企業の利益を保護する立場をとった。この構図は企業側に体制を支持するメリットがあることを示唆している。

さらに、政府は中国企業を海外へ促進させるための政策を実施してきた。1999年に開始した「走出去戦略」という政策は、中国企業による海外への投資を積極的に支援した。一般的に、他の発展途上国は外国からの資本受け入れに積極的に取り組み、海外への投資には消極的である。中国は、中国企業が海外から先進的な技術や経営ノウハウを学んで国際的な競争に生き残り、世界トップクラスの企業となることを目標に掲げ、外資導入と海外投資拡大の双方に積極的に力を入れた。したがって、アメリカのフォーチュン誌が毎年発表している「フォーチュン・グローバル500」（Fortune Global 500）という世界の主な企業のランキングでは、2015年の上位500社のうち、中国の98社が入っている。日本の54社のほぼ2倍である。2000年の同ランキングにおいては中国

企業が10社しかなく、最高位の中国石油化工集団公司は58位であった。「フォーブス・グローバル2000」（Forbes Global 2000）の2015年版リストにおける上位10社のうち、中国は米国と同様に、5社が入っている。2015年には中国企業は初めて上位4社になっている。2015年版リストにおいては、日本の218社に対し、中国は日本を初めて抜いて238社になっていた。

こういった状況で、中国企業は党・国家と密接な関係にあり、体制に抵抗することはない。さらに、中国における主な企業は国有企業であるか、株主構成により国有企業と繋がっていることが多い。その結果、党・国家と企業との間にはより深い関係ができあがっている。

経済エリートの「取り込み」戦略

中国共産党は「取り込み」戦略によって党・国家と企業の関係を強固にしてきた。「取り込み」戦略とは、中国の主な企業の経営者を党・国家組織に「取り込む」戦略である。中国は**改革開放政策のもとに国家と企業を法的に分離**し、企業の経営自主権の拡大を目指した。一方で、国営企業を中心とする大手企業の指導者を党・国家組織のなかに取り込んできた。

現在の中国の主な国有企業は国家機関と歴史的に関係が深い。石油企業である中国石油化工集団公司（シノペック）、中国石油天然気股份有限公司（ペトロチャイナ）、中国石油天然ガス集団公司（CNPC）、航空宇宙産業の中国航天科工集団公司や中国航天科技集団公司、中国中鉄などは、企業改革の過程において、一般的に各産業の担当省や担当部門によって設立された企業である。その結果、省や部門の指導部は企業の経営者になることが多かった。1990年代において、党・国家と企業との間の繋がりが深いのは喜ぶことではない。

しかし、こういった傾向は21世紀でも続いている。国家から分離された企業は、上場し、公開会社になったにもかかわらず、経営者を党・国家組織に送り込むことが多い。石油、金属、航空企業、東風汽車公司、北方工業公司の経営者は中国共産党中央委員会の委員として選出され、その他の主な企業の経営者は中央委員会候補委員に選出されることが多い。様々な産業の中国中央国有企業の30社をみると、経営者が人民代表大会や中国人民政治協商会議に選出されることは一般的であることが分かる。さらに、2000年代以降は1990年代と比べて、主な企業の経営者が地方政府の幹部に任命されることが多くなった。

彼らには省長や副省長、市長や副市長、省や市の党委書記や副書記などの役職があてられた。

ここで指摘しなければならないのは、中国の主な企業から党・国家組織に送り込まれた経営者は、単なる国有企業出身の官僚ではなく、特定の産業の専門家であり、生え抜きの経営者であることである。比較政治学の視点から言い換えると、彼らは党・国家組織に取り込まれた経済エリートである。こういった戦略が果たしてきた役割としては、一党体制に対する経済エリートの抵抗を封じることがあげられる。

工業化初期の先進国において、一般的に経済エリートは国家戦略とは無関係に登場する。一方で**中国においては、経済エリートが国家から独立し、体制に反対する動機を得ないように取り込まれている**。その結果、経営者は共産党に依存し続けるだけではなく、政策決定過程に近い有利な立場にあり、体制を支持するメリットがあることによって、一党支配を安定性の向上に寄与するのである。

経済発展における「取り込み」戦略

「取り込み」戦略は体制を安定させる役割に加えて、中国の経済発展においても極めて重要な役割を果たしている。これは、国有企業改革がもたらした変化に対する対策のひとつであると考える。**1970年代末に始まった対外開放政策、いわゆる改革開放政策の主な目的のひとつは、国営企業の赤字体質の改善という問題に取り組むこと**であった。

1980年代の後半頃から、政府は「政企分離」という行政機構と企業の機能の分離を目指して様々な政策を実行し、企業の自主権拡大を目的とした取り組みに着手した。国営企業に対して、経営自主権や利益留保を認める「放権譲利」をすすめ、1993年の中華人民共和国第8期全国人民代表大会第1回会議において、国営企業の所有権と経営権の分離が国家の方針として確認された。国家は企業に対し所有権をもち、企業に経営権を与え、国営企業から国有企業と称することとなったのである。

こういった改革が続けられているなかで、以前は企業の経営を担った国家機関は市場と直接関わる機会が少なくなり、経済政策の決定に必要な国際経済に対する知識や経験をグローバル化に直接向き合っている企業経営者に求めるよ

うになった。その結果、国家機関は積極的に中国経済の管理を図るものの、高度経済成長の持続に必要な政策を立案し決定する能力が弱まった。そこで、党・国家機関は国際経済に詳しい経営者を国家組織に取り入れることで、国有企業改革が一党体制にもたらした難題を乗り越えようとした。彼らの知識によって一党体制の支配能力を高め、経済発展や国有企業管理に関する政策の立案や実施にかかわる能力の向上を目指していると予想される。

　実績のある経営者を国家機関、特に国有企業の管理に関わる組織に「取り込む」傾向は1990年代に始まり、2000年代以降は一般的となった。経営者は国務院の座を獲得することもあった。さらに、1998年に国有企業を監督する国務院特別検査官制度を設け、2003年に主な国有企業に関わる政策を担当する国有資産監督管理委員会を設立した。それ以来、国有企業の経営者がこうした機関に任命されることは珍しくない。

　企業出身の国家機関幹部には、いくつかの共通する特徴がある。１つは、こういった地位の高いポストに任命された経営者は、**企業経営において大きな実績をあげたこと**があげられる。例として、2009年に国務院副秘書長に就任した中国アルミニウムの肖亜慶総経理は、2008年に英豪系資源大手リオ・ティントに出資する際、企業の利益と同時に国家の利益を高めることができたと評価されている。同様に、2008年に工業情報化部副部長、2010年に部長（大臣）に就任した東風汽車公司総経理の苗圩は、過剰債務状態にある企業を10年以内に高収益企業へ改革した経営者として知られている。2013年に国有資産監督管理委員会の主任に任命された中国最大手の石油企業のCNPC会長とペトロチャイナ董事長を務めた蔣潔敏も、ペトロチャイナの経営における実績が評価されている。また、独特な知識のある経営者は、地方政府の指導者として任命されることがある。例としては、2007年から2011年までシノペック総経理を務めた蘇樹林は福建省長に任命された。報道によれば、中央指導部は蘇樹林による大慶油田の経営戦略を高く評価した人事である。2011年や2012年に優れた財務業績を達成した北方工業公司の董事長は、翌年、重慶市副市長に任命された。

　国家機関に取り入れられた経営者のもう１つの特徴は、**中国の多くの主要企業を指導した経験**があるという点である。具体的には、国有資産監督管理委員会の主任と副主任に任命された経営者はシノペック、ペトロチャイナ、神華集団に務めた経験がある。いずれの企業も、世界の企業を売上高によって順位付

けする「フォーチュン・グローバル500」リストに入っている。その他の国有企業を監督する国務院国務院固有資産監督管理委員会の幹部も、中国核工業建設集団公司、中国海洋石油総公司、中国アルミニウムといった大手企業から選出される傾向にある。

　さらに、こういった企業は一般的に第一次産業の企業であり、選出される経営者は各産業の専門家である。彼らを国家機関に取り入れることによって、国家と各産業や企業との間につながりがつくり上げられるのである。

　国際経済に関する知識や経験が豊富で、主要企業で優れた経営手腕を発揮した経営者を国有企業に関する政策や監督を担当する機関、地方政府、場合によっては中央政府に「取り込む」ことは、今日に到る中国の経済発展を支えてきたと考えられる。国家と企業の分離によって国家機関が失った知識を政策決定過程に取り入れることが可能になるからである。

支配は続くのか ──「取り込み戦略」の限界

　以上に説明したように、中国においては、欧米の先進国と異なる国家と社会・企業との関係が存在している。独特な統治モデルを通じて、**一党体制が直面する2つの主な課題**を乗り越えてきた。1つは、**一党体制支配における正統性の獲得**である。もう1つは、**経済のエリートの体制への「取り込み」**である。ここで、「取り込み」戦略は一党支配体制を論じる上で主な鍵となる。**中国共産党は体制にエリートを取り込むことによって、彼らが体制に反対する動機を取り除こうとしている。**さらに、国際経済に詳しい経営者を党・国家組織に取り入れることで、彼らの知識によって共産党支配の統治能力を高めようとしてきた。こういった戦略によって中国共産党は国民が要求する経済成長を実現し、自らの生命力を強め、一党体制に対する支持を獲得してきた。

　そうした状況のもとで中国は近代化しても民主化せずに発展し続けてきた。言い換えれば、経済成長と民主化の関連性を指摘しているリプセット仮説は中国には当てはまらないはずである。中国の経済発展の過程で、独特な党・国家と社会・企業との関係が構築されたためである。しかし、伝統的な近代化論の予想を超えて発展した中国において一党体制支配は続くのだろうか。中国共産党は権威主義体制の維持にあたり、万能薬となる統治モデルを見つけ出したのだろうか。従来の「取り込み戦略」の長期的な効果を考察したい。

短期的には体制の安定性を高める「取り込み」戦略によって、長期的に党・国家組織と一部主要企業との間により、深いつながりができた。人民代表大会に代表される企業と比べて、中国の主な国有企業を管理している国有資産監督管理委員会に送り込まれている企業は、極めて限定的である。同様に、政策を決定する中国共産党中央委員会に取り入れられる経営者も、限られた企業から選出されている。そうした企業の多くは伝統的な産業における最も発展した企業である。その結果、一部の企業は一党体制と密接なつながりをもっている。言い換えれば、中国共産党が主導してきた「取り込み」戦略によって、**限られた企業と党・国家の間に独特な様相のインフォーマル・ネットワークが図らず**もつくりあげられた。中国共産党は統治能力を高める一方、一部の企業は政策決定過程へ介入する権限を獲得してきた。

こういったインフォーマル・ネットワークには、いくつかの問題点が含まれている。1つは、**企業は元経営者を通じた圧力によって有利な政策を追求する**点である。例として、中国西部の天然ガスを中国東部沿岸地域に輸送する西気東輸の建設があげられる。CNPCの子会社であるペトロチャイナはCNPCの元総経理を通じて、政策決定過程に影響を与えた。先行研究が明らかにしたように、当時の国土資源部長を務めていた元総経理の周永康は1998年7月、朱鎔基国務院総理へ直訴し、2000年に新疆ウイグル自治区のタリム油田と上海をつなげるプロジェクトは、早めに完了された[注5]。

2つめは、**政策決定過程に関与できる企業は、国家が必要とする政策や改革を阻む可能性が高いと考えられる**点である。この問題は、中国においてすでに表面化しはじめている。近年、中国政府が発表した国有企業改革は、既得権層の壁に阻まれて実現しにくいという批判が多くみられた。

「取り込み」戦略のもとにつくりあげられたインフォーマル・ネットワークに関する以上の問題は、今日の中国共産党政府にとって極めて重大な問題となっている。中国共産党はこれまで数十年間高度経済成長を追求し改革を先送りしたため、所得格差が拡大し、経済発展モデルの転換が遅れ、産業構造の歪みが拡大したと指摘される。

しかし、経済成長を持続させるには産業構造の改革が必要である。伝統的な産業のうちの限定的な企業のみが一党体制とより深いつながりを持つ統治モデルは、こういった課題を乗り越えられるだろうか。今のところ、国有企業の監督機関に伝統的な産業の専門家が入っているが、新産業からの経営者を取り入

れる傾向はみられない。**国民が要求する経済発展を維持するため、国有企業制度の改革、産業構造の転換が必要であり、従来と異なる産業に注目する必要性があるはずだ。**これまでは中国共産党の社会・経済上の変化への適応性や、権威主義体制の強靱性を指摘する議論が多かった。しかし、長期的な視点から改革や政策転換を実施するにあたっては、特有のインフォーマル・ネットワークが障壁となっており、中国共産党の一党体制が抱える大きな課題となっている。「取り込み」戦略を通じてつくりあげられたインフォーマル・ネットワークは必要な政策転換を阻むからである。

　経済成長を持続できなくなった場合、体制の安定性は脆弱になると考えられる。一党体制を維持するにあたって経済成長は不可欠になっており、「取り込み」戦略は共産党の経済的指導力を強化してきた。しかし、**経済政策転換の必要性に直面している一党体制にとって、「取り込み」戦略のもとにつくりあげられたインフォーマル・ネットワークは、こういった政策転換を阻む可能性がある。**伝統的なリプセット仮説が予想した発展過程を避けた一党体制は、長期的に安定しつづけるとは限らない。

（マチケナイテ・ヴィダ）

注1）　非民主的な国家における支配政党が、国家機関を制度的にも組織的にも一体化させて、自らの意思を国家に反映させている政治体制を「パーティー・ステイト」という。本章における「党・国家」とはこれを意味する。また党とは中国共産党のことである。

注2）　Yifan Xie「中国株暴落の原因は未熟な投資家＝証券当局トップ」『ウォール・ストリート・ジャーナル』2016 年 1 月 18 日、http://jp.wsj.com/articles/SB11810945248234553346004581485302421355370。

注3）　同上。

注4）　Eva Bellin, *Stalled Democracy: Capital, Labor, and the Paradox of State-sponsored Development*, London: Cornell University Press, 2002.

注5）　Bo Kong, "China's Energy Decision-Making: Becoming More Like the United States?," in Suisheng Zhao (ed.), *China's Search for Energy Security: Domestic Sources and International Implications*, London: Routledge, 2013, pp. 72-95.

第2部

経済はどのように
発展してきたのか

——高度成長の原動力

第2部で論じてゆくこと

第2部は**「中国経済はどのようにして発展してきたのか」**を考える。

一般的に経済成長を実現するためには、私有財産や知的財産が保障されるなど「法の支配」が実現していることが必要だといわれてきた。

しかし、今日の中国はそれが十分に保障されていないにもかかわらず経済は成長してきた。それはなぜなのか。中国経済の行方を展望するうえで検討しなければならない重要な問いである。

第2部を構成する第4章と第5章は、中国の経済発展の原動力の来源を考える。なぜ中国は失敗することなく、経済成長に成功することができたのかを考える。

第4章

中国共産党と制度選択

―――中央集権と創造的破壊の確立―――

渡邉 真理子

共産党の支配のもとでの高度成長

　第2部では、中国共産党が一党支配を維持していると同時に、驚異の経済成長を遂げることができたのかなぜか、を検討する。**共産党は、経済成長政策の視点から、何を間違えなかったのか、また誤りがあるとすると何を間違えているのか**。この点を考察してみたい。

　一党支配と経済成長が同時に存在することは、至極当然なことなのか。はたして謎なのか。経済成長と民主化プロセスは、この順序で達成されることが多いと考えられている。しかし、アジアの多くの国では民主化が起こる前段階として、開発独裁による経済成長を経験している経済が多い。経済成長につづいて民主化プロセスが進むことは、必然的な結果なのか、ある条件が整った場合のみに実現するのか。この答を得るためには、経済成長と民主化プロセスの間の関係を、理論的に検討することが必要であろう。

　現在中国は、驚異の経済成長を経験している。これに続いて民主化が自動的に進むのではないかという予想もあったが、現在のところそうはなっていない。今後を予測するためにも、なぜ中国が絶対主義的な政権のもとで、高度成長を遂げられたのか。本稿では、この点について、制度をめぐる分析を借りて考察したい。

　2010年代の前後にかけて、経済学および政治学のそれぞれの分野から　制度

をめぐる研究の蓄積が進み、専門的な論文にとどまらず、書籍にもまとめられつつある。ここでは、次の4組の議論をもとに考察したい。経済学者の視点から、制度と経済成長の関係をまとめた『国家はなぜ衰退するのか』（アセモグル＆ロビンソン、2013）、制度経済学の始祖であるロナルド・コースの最晩年の本である『中国共産党と資本主義』（コース＆王寧、2013）、青木昌彦が制度の比較を可能にするための理論的枠組みを提示した『比較制度分析に向けて』（青木、2003）、そして、政治学者のフランシス・フクヤマ（Fukuyama, Francis）が政治制度の発展メカニズムを論じた『政治の起源』ほかである（フクヤマ、2013／Fukuyama, 2014）。なぜ絶対主義的な政権である中国が、民主化への移行も開始しないままに高度経済成長を遂げられたのか、という疑問が、これらの本の執筆動機のひとつとなっている。

政治権力、政治制度の発展のメカニズムがどのように経済成長と関わるのか。本章では、経済学者の視点からみた、政治権力と経済成長の間の関係についての考察を通じて、中国の高度成長の経験を理解する試みを行う。中国共産党が一党体制を維持しているにもかかわらず、なぜ高度成長を達成できたのか。政治権力と経済の関係、制度構築との関係を考察することを通じて考えたい。

驚異の高度経済成長

≫データでみてみよう

1978年、毛沢東の死を契機に、共産党はそれまでの計画経済政策のいきづまりを認め、状況の改善するための方策を模索しはじめた。このときから、市場経済への転換がはじまった。それから40年ちかく過ぎた現在までの間、中国経済は大きな変貌を遂げた。

図4-1は、世界の所得分布の国別構成を図示したものである。これによると、1988年には中国とインドに所得の低い層が多く存在し、世界の人口の所得分布の中で、一番高い山（＝統計用語でモードという）を築いていた。そして、このモードの部分は、ちょうど1日1.25ドルで生活する貧困ラインと重なっていた。インドと中国の人口のほぼ半分は貧困ライン以下の経済状態だったのである。

しかし、2011年には中国の所得分布が大きく高所得側に動いたことで、世界の所得分布も変質する。中国のほとんどの人口は貧困ラインを上回っており、

第4章 中国共産党と制度選択 | 57

図4-1 世界の所得分布と中国（1988年と2011年）

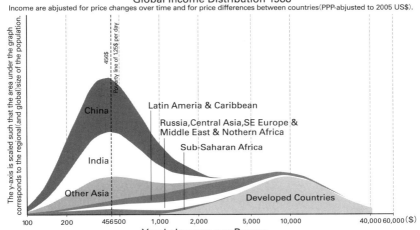

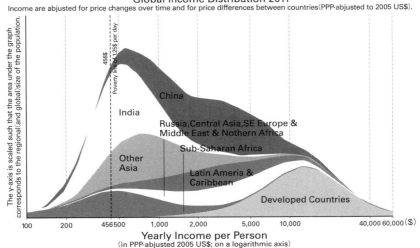

〔出典〕Max Roser (2015)'Inequality between World Citizens'. Published online at OurWorldInData.org. Retrieved from: http://ourworldindata.org/data/growth-and-distribution-of-prosperity/inequality-between-world-citizens/ [Online Resource]

注：購買力平価(purchasing power parity:PPP）で評価した一人あたりGDPの分布を積み上げたもの。対数表示。

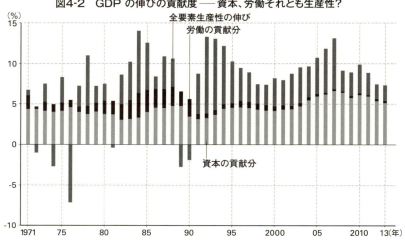

図4-2 GDPの伸びの貢献度 —— 資本、労働それとも生産性？

全要素生産性の伸び
労働の貢献分
資本の貢献分

〔出典〕アジア生産性機構 Online APO Productivity Database のデータから筆者が作図
(http://www.apo-tokyo.org/wedo/measurement)。

インドとその他アジアのモードも貧困ラインを大きく上回っている。世界における人口の比率が拡大しているサブサハラアフリカ諸国が、世界の中で唯一貧困ライン以下の人口を増加させている。世界全体の経済厚生は、サブサハラアフリカを除いて改善しており、中でも中国の成果はめざましい。

それでは、この中国の経済成長はどのように達成されてきたのだろうか？マクロ経済学では、GDPという経済の産出量（output）は、資本、労働および生産性という投入（input）によってもたらされる、と考える。

　　経済の産出量（= GDP ）= f（資本、労働、生産性）

ここで「生産性」と呼んでいるのは、具体的な発明やイノベーションにとどまらず、社会全体での仕組みの改善などによって、少ない投入によってよい大きな産出を実現する能力を指す。マクロ的には、この生産性が経済成長に貢献する部分を、「全要素生産性（total factor productivity）」と呼ぶ。この全要素生産性の伸びを支えるものは、その社会で資源の利用を効率化するものであれば、すべて含まれてくる。

図4-2の棒グラフは、1971年から2013年までの中国のGDPの伸びを示したものである。これをみると、1983年から1988年（1986年を除く）、1992年から1995年、そして**2005年から2007年にかけて、中国の実質GDPは10パーセン**

トを超える伸びを達成した。その他の年も5パーセントを下回ったことはない。この高度成長に貢献した要素は、資本の投入つまり「投資」と、全要素生産性の伸びである。一方、労働力の投入の拡大の貢献は実は限定的である。

全要素生産性の伸びがGDPの伸びに大きく貢献したのは、特にGDPの伸びが10パーセントを大きく超える時期である。1978年、1984年、1992年、2002年から2007年にかけてになる。**1978年には、すでにふれたように、計画経済から転換が宣言され、農村部において、自由な経済活動の導入が始まった。**1980年には、厦門およびスワトーの4つの経済特区の設置が宣言されている。その後、**天安門事件（1989年）の時期、全要素生産性はマイナスに落ち込んだが、1992年、鄧小平が南巡講話を行い改革開放を再起動することを宣言した年に、再び全要素生産性は大きく伸びている。**そして、2001年末にWTOへの加盟が発効している。2002年以降は、全要素生産性に加え、投資の拡大も急速に進み、高度成長を実現した。

このように、**改革・開放つまり経済をめぐる制度の改革が、社会全体の生産性を引き上げ、GDPの伸びを支えてきたのである**[注1]。

≫歴史の中での位置づけ

ところで、ここ40年ちかくの高度経済成長の経験は、中国の長い歴史の中で、どのように位置づけられるのであろうか。イギリスの経済史家で経済発展論を専門とするアンガス・マディソンは、世界の経済成長の歴史を計量化するためのデータベースの構築を行ってきた。彼の死後もこのプロジェクトは、「マディソン・プロジェクト」として、データの更新が進められている。

このデータベースに収められたデータをもとに、中国の経済成長の軌跡をたどると、この40年の高度成長期が、中国のこれまでの歴史からみても特別な時期であったことがうかがえる。紀元0年から2007年までの中国、日本、インドと西欧諸国の1人当たりGDPの歴史的推移をグラフにしたものが、**図4-3**（次頁）である。西欧諸国が産業革命を経て1800年代に、1人当たりGDPを急激に成長させ「離陸」したあとも、中国のそれは長らく同じ水準にとどまっていた。**20世紀の初頭にかけては戦禍もあり、中国の1人当たりGDPは下落し、第二次世界大戦後初めて、中国の「離陸」が始まったのである。**

アジアの国をみると、中国およびインドの1人当たりGDPは、18世紀半ばから20世紀にかけて、ほぼ同じ水準にとどまっていた。日本は明治維新後に上昇

図4-3 1人当たりGDPの推移──中国、日本、米国、イギリス、フランス、インド

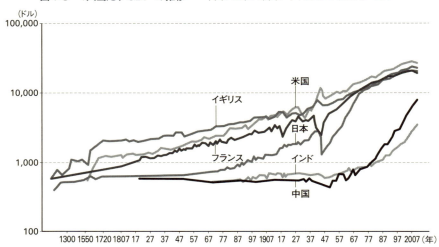

〔出典〕The Maddison-Project, http://www.ggdc.net/maddison/maddison_project/home:htm, 2013 versionより、筆者が作図。
注：単位は、Maddison, 1995の推定方法に依拠した購買力平価（1990 international Geary and Khamis dollars）で測った実質GDP。

基調にのり、第二次世界大戦後に一気に、イギリスと米国に肩を並べる水準までの高度成長を遂げている。中国とインドの1人当たりGDPは、1980年代からようやく上昇基調に転じ、キャッチアップの軌道に乗りはじめている。

　それでは、1人当たりではなく、中国のGDP全体が世界に占める割合はどうだったのだろうか？

　マディソンのデータベースによると、1700年に世界のGDPの25パーセントを占めていた中国のGDPの比率は、1820年には30パーセントにまで拡大している。しかし、1952年には5パーセントにまで落ち込み、1995年にようやく11パーセントにまで拡大している。

　一方、日本のGDPが世界に占める割合は、1978年に8パーセントで当時の中国を追い抜くものの、1995年にはまた中国に追い抜かれている。1700年から1820年にかけては、中国とインドが圧倒的な経済規模を誇るアジアの時代であった。しかし、1820年から1995年にかけては、米国とヨーロッパの経済規模がアジアを圧倒的に上回る時代であった。そして、21世紀の現在、再びアジアの経済規模が、欧米に匹敵もしくは凌駕しようとしている[注2]。

国家、制度と経済成長をめぐる議論

　現在の中国は、600年近い停滞の時期を経て、自身の歴史の中でもとび抜けた高度成長期を経験している。なぜ、それが可能になったのだろうか。制度をめぐる考察を手掛かりに考えていこう。

≫インセンティブ、技術選択を左右する制度

　なぜ制度が、国による経済発展の程度を左右する要因になると主張できるのか。経済成長を達成するには、適切な「技術の選択」と「インセンティブ」が必要である。適切な技術が導入されて初めて、イノベーションが進み、1人当たりの所得は成長しはじめる。その技術の導入を促すインセンティブをつくるのが、制度である。所有権や利益の保護、契約や「ルールの履行」が保証されていなければ、誰も技術導入に向けた努力はしない。こうした権利の保証をどのように行うのか。これが制度に期待されている働きである。

　経済成長のプロセスでは、それを担うプレイヤーの出現と淘汰というダイナミックな動きが生じる。これが、経済学者のシュンペーターが**「創造的破壊」**と名付けた現象である。この淘汰のプロセスは、経済的には望ましいものである。しかし、この経済的な創造的破壊のプロセスは、往々にして政治権力を担う主体の権力基盤の創造的破壊も伴う。このため、政治や権力の側からも、この創造的破壊に対する反応が起こってくる。これが、経済発展と政治制度の発展の間の相互作用をつなぐ要因となる。

　経済取引は、よい制度に担保されなくても当事者の間で合意が成立すれば、スタートすることはできる。しかし、一定の規模を超えると、二者間で個別に合意を形成することの手間が大きくなり、ルールをつくり、第三者がそのルールの実施を担保してくれる体制が、より効率的になる。この第三者の存在が、経済全体の厚生を引き上げる、正の外部性を持つようになるのである。

≫経済成長に必要な中央集権制

　そして本章では、制度を構成するかたちのなかでも特に、「政治の中央集権」が経済にもたらす影響に注目したい。

　「政治の中央集権」の重要性は、これまでの経済制度と経済成長の議論ではあまり注目されていなかった。しかし、政治的中央集権が経済成長に必要であ

62 | 第2部 経済はどのように発展してきたのか —— 高度成長の原動力

る。これは、アセモグルとロビンソンの議論の核のひとつであり、フクヤマ
も支持している。そして、制度をめぐる議論に新しく加えられた重要な要素で
あろう。中央集権が構築された国家であるか、その機能を十分行使する能力が
国家にあるかは、経済成長にも直接作用する要因である。家産制を乗り越えて、
血縁集団を超えた社会全体に有効なルールを執行するためには、政治の中央集
権体制が不可欠なのである。

　ただし、**中央集権化は社会の繁栄の基盤となる一方、国民の自由を制限す
る性質を持つ**。民主主義は、それを緩和するように機能している、とフクヤマ
は指摘している（フクヤマ、2013）。さらに、中央集権が実現するにあたっては、
そのときどきの支配者がどのように「正統性」を確保することができたのか、
が問題になる。そこには、社会の「思想」の問題が関わってくることをフクヤ
マは指摘している（同上）。これも、経済発展と政治制度の発展をつなぐ重要な
要因である。

▶▶産業発展を阻む政治体制 —— 中央集権の欠如と絶対主義権制

　産業の発展を阻む政治体制として、アセモグルらは、2つのタイプを紹介し
ている（アセモグル＆ロビンソン、2013上、p.290）。1つは、政治的な中央集権が欠如
する、弱い中央集権という状況である。もう1つは、真逆の現象である絶対主
義的な中央集権である。すなわち、

(1) 政治的な中央集権が欠如しているとき、その国家の領土の中に法と秩序が
　　成立しない。そして、往々にして、政策や物事の実行を阻止したり中断した
　　りする主体が存在している。

(2) 一方、ある権力者の行動が、他者からの拘束をうけない「絶対主義」の政
　　権が成立しているとき、経済成長に必要な創造的破壊が、往々にして彼らの
　　政治的な利益基盤に不利な状況を生み出すことがある。このため、絶対主義
　　政権は、しばしば「創造的破壊」を拒否することになる。

　まず、第1のタイプは次のような状況を指している。政治的な中央集権が確
立されず、国家を構成する領土全体を見わたすと、統一された法と秩序を履行
する主体が欠けていることがある。このような場合、たとえ国家が法を制定し
たとしても、地方の権力者が自分の利益に都合のよいように運用し、自分の権
力を濫用しつづけることを制御する勢力が存在しなくなる。

　そうなると、紛争の調停、所有権の確定などの主体がなくなり、経済活動に

じっくり取り組む環境ではなくなる。現在のアフガニスタンやイラクの状況が
その例である。

≫ 創造的破壊と絶対主義政権

一方、第2のタイプである絶対主義政権は、しばしば産業の発展を拒否して
きた。権力の基盤を脅かすと考えたからである。

これは、印刷の発明からイギリスの名誉革命直前のエリザベス1世、オース
トリア帝国、アフリカのコンゴなど、地理的にも時系列的にも、幅広い範囲の
事例が紹介されている。エリザベス1世は、靴下を編む機械を発明し特許を申
請してきた起業家に保護を与えなかった。彼女を支持する商工業者の利益を
破壊するものだったからである。オーストリア皇帝は、鉄道の敷設を拒否した。
産業化を通じて、新たな政治勢力が台頭することを恐れたからである。鉄道の
敷設、道路などのインフラの整備は、領土内に中央集権的な権力を確立してい
なければ実行が難しく、かつ実現すると、国内経済を支える重要な基盤になり
経済成長を支える。しかし、20世紀前半までの絶対主義政権は、往々にして産
業と創造的破壊を恐れた。政治的な権力の再配分に恐怖したからである。

絶対主義政権の多くは、産業を振興する代わりに、貿易や国内の取引を独占、
専売し、利益を確保する傾向がある。しかし、これは、国内の経済を停滞させ
る結果になった。創造的破壊を受け止めることのできない絶対主義政権が、経
済全体を停滞させる例である。

≫ 中央集権のジレンマ

経済成長に必要な条件である政治的中央集権であるが、これは同時に大き
なジレンマを抱えていることも指摘されている。これを理解するために、まず、
政治的中央集権は、経済成長にどのように影響するのであろうかを、あらため
て整理してみよう。

政治的中央集権制が確立されていれば、

(1) 国家の領土全体のうえに統一的なルールと秩序が確立できる。

（フクヤマ、2013 ／アセモグル&ロビンソン、2013）

(2) 領土に統一的なルールを執行する国家の能力（state capacity）が確立さ
    れるとき、社会に必要な基盤、それを支えるネットワークを確立できている。

（Acemoglu, Moscona & Robinson, 2016）

第2部 経済はどのように発展してきたのか —— 高度成長の原動力

ネットワークとは、行政部門の窓口、郵便システム、金融機関の窓口、鉄道や電力、電話網の整備などである。このネットワークが備わっていれば、国家はルールを執行する能力を備えている蓋然性が高く、国家は創造的破壊、経済的な成長を支えることができている（フクヤマ、2013）。そうでなければ、ルールの執行を行う能力が十分ではなくなる。この中央集権的な力にはジレンマがあることを、経済学者のワインガストが指摘している。彼が、「経済システムの根本的な政治的ジレンマ」と呼んでいる状況である。

　　財産権の保護と契約の実効化を行えるほど強力な政府は、同時に市民の富を没収するのに十分な力を有している。市場が反映するには、適切な財産権システムや、契約法のみならず、国家による富の没収能力を制約する確固たる政治的基盤が必要とされよう。しかし、どのような状況で政治システムが生み出され、どのような役割を果たすようになるかは、明白ではない。

（Weingast, 1995 ／筆者訳）

現在のところ、イギリスで始まった名誉革命、およびそこで導入された憲政、そして、意思表明のシステムとしての民主主義が、「国家による富の没収能力を制約する確固たる政治的基盤」の１つの例だ、とフクヤマは指摘している（フクヤマ、2013）。

絶対主義政権が市民からの抵抗を受けて、権力に一定の抑制力を受け入れるという状況は、どのような状況のもとで発生するのであろうか。この問題を原理的に考えようとしたのが、青木昌彦である（青木、2003）。青木はワインガストの指摘に刺激され、「政府が私的財産権の保護に関する権力を限定的に用いることが自己拘束的になりうるのであろうか」という問題を考察している。

ある国家の政府が、特定の民間主体を標的にして略奪的な行動を試みることが、社会において広く知られていれば、その他の主体は沈黙を保つ、もしくは政府と結託しようとするだろう。そうする限り、収奪的な国家に民間主体全体は、服従し続けることになる。政府は、体制維持のため、従順な民間主体を買収することもする。しかし、政府があらゆる民間主体をランダムに攻撃し財産を没収する可能性が出てくると、異なる民間主体は、はじめて協力して共闘するインセンティブが生まれる。

そして、このとき、政府が法の支配を受け入れるかどうかは、成文法に条

文があることだけでは十分ではなく、「政府が法に背く行為をおこなったとき、民間主体がコーディネートされた抵抗を行い、政府自身が制裁を受ける」ということが明らかなときである。これが成立するのは、民間主体や企業の間に非対称性がないこと、企業であれば生存条件が同じであるときである（青木、2003）。

　政治的中央集権は、経済成長それも包括的な経済成長に不可欠である。一方で、その集権化された権力は、民間主体の資産を略奪する可能性を常に秘めている。このため、この力を適当に抑制する仕組みがさらになければ、権力の濫用が民間主体の経済活動へのインセンティブをそぎ、経済は停滞してしまう。これが、以上のいくつかの理論的な分析から導きだされるストーリーである。

　それでは、中国の経済成長のプロセスにおいて、政治的中央集権をめぐるプロセスは、実際はどのように進んでいったのだろうか。

なぜ中国は高度成長を達成できたのか

　法と経済学の視点に、アセモグルとロビンソン、フクヤマが議論した国家の役割の視点を加え、中国の経験を眺めると何が見えてくるのか。

　中国共産党の意思決定、制度選択のうち、経済成長を達成することに貢献したものについて、筆者は次の2点を指摘したい。1つは、**中央集権制が経済成長を担保した**と主張できるであろうこと。もう1つは、改革開放政策に転じてからWTOの加盟を決定するまでの間、**共産党自身の政治的基盤を危うくする可能性のある、経済的な創造的破壊を恐れずに、受け入れ実行**したことである。

≫中国共産党の構築した中央集権制

　まず、中国共産党は、領土を統一したルールが支配することに成功した。党組織と政府組織の2つの系統を全国にはりめぐらせ、政策やルールの設定が全国に浸透するチャネルを構築した。党と政府の二枚看板の行政組織を首都北京から村落の末端まで張り巡らす。このネットワークが、中央政府がルールや政策を履行することを助けた。さらに、計画経済から市場経済への転換という壮大なプロセスを進めるためにも、中央集権の力は不可欠であった。

　政治的な中央集権制が成立していたことは、計画経済から市場経済への制度転換という政策を統一的に進めることを可能にした。このプロセスを管理し実行

する力を国家が持っていたこと、そして時には、旧制度と新政策が矛盾し頓挫しかかるプロセスを、政治権力が超法規的に意思決定し、前に進めるということはしばしば起きていた。体制の転換を進めるとき、制度の空白が生まれる。その制度の空白を政治が埋めなければならない事態が各地で頻発していたからである。

　計画経済の名のもとでは、小麦や米、豚といったものの値段から、貨幣そのものの配給までを官僚組織は担っていた。しかし、この仕組みは原理的に機能することが難しかったうえに、文化大革命により官僚機構は機能停止していた。このため、中国経済は1970年代には行きづまる。改革開放政策は、この官僚組織が担っていた仕組みを転換するプロセスとして始まった。農村での生産を人民公社制度から農家の請負制に転換する。さらに難易度が高かったのが、計画や命令を実行するだけだった国有企業を、市場の動向に合わせて製品を開発し、原材料を調達して生産し、値付けをして配送し、消費者に届ける主体に転換することであった。企業は個々人がこうした判断と決断をする能力を持たねばならず、こうした能力の形成は一朝一夕にできるものではなかった。

　また、市場経済への移行というプロセスは、ゲームのルールを大きく書き換える事態であった。このプロセスの進行を完全に各地域の判断に任せ自然発生的な転換に任せていたら、利害対立が大きな対立や紛争を生み、プロセスが各地で頓挫していた可能性もあるだろう。

　1994年に分税制が導入されるまで、中央政府は徴税権を持たず、地方政府は大きな経済的自由を享受していた。その自由は信用供給にまでおよび、1990年代には地方政府の野放図な融資によるインフレが頻発していた。これに対して、**人民銀行の権限の強化**によって、マクロ経済の安定性が確保し、1990年代後半からの高度成長につながった。**徴税と金融政策の経路を中央集権化することで、マクロ経済は安定したのである。**

　また、1990年代末から2000年にかけて進められた国有企業の改革にあたって、労働者を解雇し、銀行の債権を削減し、地域経済を維持するために企業を生存可能にするという、多くの利益関係者の利害関係を整理する必要があった。その整理にあたっては、当時の法制度は実効性に欠け、合理的な対応方法を許さなかった、地方政府の権力があって初めて利害関係の調整が可能となっていた。筆者が当時行った調査では、国有企業や銀行の利益だけでなく、労働者、社会の利益を維持するような方法が選択されていた（渡邉、2001）。

市場経済への移行という制度転換のプロセスは、通常次のようなステップで進められた。個別のイシューごとに全国でモデルケースを実施する試点を５、６地点選び、新しい制度を実施する。その際に、新しい制度の効果と問題点を洗い出し、全国レベルでの学習会議を開いて、全国に新制度を展開していく。この学習プロセスを繰り返し実施することで、企業の会計制度、雇用制度と社会保障制度の構築、資金調達制度、人事制度、安全基準の導入から、司法制度その他の制度の転換を少しずつ進めていった。

　この学習のプロセスにおいて、新しい制度を機能させるためには、どのように関連した制度の転換を進めなければいけないのかが、明らかになり、その制度をまた調整していく、という試行錯誤を重ねていったのである。そのプロセスには、理念を優先した政策を実施しようとしても実情に合わず、全国で実施することはできず、別の改革の展開が進められることはしばしばあった。中央集権制が存在していたゆえに、こうした気宇壮大な制度の転換が可能になったのである。

　一方、中央と地方政府の間の関係は、必ずしも地方が中央に絶対的に従属する関係ではなかった。地方政府は中央政府から任務を請け負う（包）ことがしばしばある。しかし、その任務の遂行の結果には責任を負うものの、そのプロセスについては中央は介入することはない（周黎安、2008）。その意味で、意思決定の権限は分権的に与えられていた。しかし、同時にこうした分権的な意思決定を超越した決定をする権限を、中央は保持していた。共産党の組織論理、人事をめぐって規律付けがあったからである。文化大革命の時代の規律の混乱を避けるため、鄧小平時代の共産党は、法による支配（Rule by Law）を共産党は必要としていた。権力者の恣意的な意思決定と大衆の直接政治参加による介入により、国家の統治は混乱し機能停止したからである。

　しかし一方で、法が権力を縛ることは徹底的に嫌った。そして、**今日に至るまで、中央政府が地方政府に権力を行使する際は、公の法ではなく、共産党内部の私的なルールの適用が行われている**（コース＆王寧、2013）。中国においては、統一したルールの履行を実現する政治的中央集権制は、共産党の組織内部の私的なルールによって規制されている。公のルールである法ではない。**党は、憲法も含むすべての法を超越した存在である、というのが、中国の中央集権制の特徴**である。

第2部 経済はどのように発展してきたのか —— 高度成長の原動力

≫創造的破壊を恐れなかった中国共産党

もう1つ、中国共産党の経済政策で重要な点は、改革開放政策を進めるにあたって**鄧小平が、政治権力の再配分のリスクがありながらも、創造的破壊を恐れない決定をした**ことである。

官僚機構自身が自分の行動を規律づける制度を転換させる。これも「創造的破壊」である。共産党が確立していた中央集権制の存在が、この創造的破壊を受け止める力となったのである。さらに、中華人民共和国の長男と呼ばれた国有企業の淘汰を認めるプロセスを進めることを、中国共産党が受け入れたことが、制度転換と経済成長をもたらす力となった。

1992年に鄧小平が南方講話を行うと、民営企業が市場に参加することが認められた。旺盛な市場への参入は、この時期を起点に始まった。鄧小平は、守旧派の反対にあい、国有企業の岩盤を崩すことはできなかったが、その代わりに、**双軌制（ダブルトラック）というかたちで、公有制企業と非国有制企業が併存する道**を開いた。

中国の多くの産業では、計画経済時代の名残の国有企業による独占市場に、民営企業が参入するかたちで成長していった。そのとき民営企業がとった戦略は、品質はよいものの価格の高さに不満をもつ消費者に対して、モジュール化などの方法でコストを抑え、低い価格で商品を提供するものだった。これは、経済学・経営学の分野で現在「破壊的イノベーション（クリステンセン）」と呼ばれる戦略にちかい特徴を持っている。こうしたプロセスを通じて、**多くの旧来型の国有企業は市場を失ったが、産業全体はより良いものを安い価格で消費者に提供できるように進化していった**のである（丁可＆潘九堂、2013）。

中国共産党は、この創造的破壊のプロセスで国有企業の地位が低下をすることは必至だったのにもかかわらず、それを阻止することなく、それがもたらす制度と社会の転換を、受け止めたのである。**図4-4**は、国有企業が独占していた鉄鋼産業が、旺盛な参入により、主に国有企業が占めていたトップ企業のシェアが急速に落ちた様子を示している。このダイナミックなプロセスのもとで、国有企業の相対的な経済的地位ははっきりと低下したものの、産業全体は発展の好循環の軌道に乗ることができ、この変化に対応できた国有企業は、売り上げと利益も拡大した。こうして、鉄鋼部門への旺盛な参入は一貫して続き、2010年には稼動する企業が1万社を超えるに至っている。中国共産党が、一時的な創造的破壊を阻止せずに受け止めた結果、社会全体が好循環のプロセス

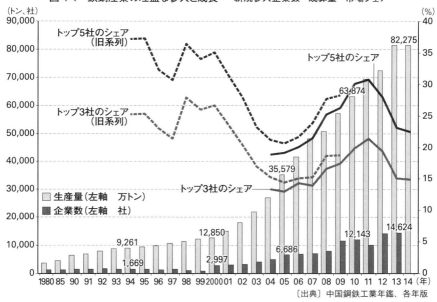

図 4-4　鉄鋼産業の旺盛な参入と成長──新規参入企業数・成算量・市場シェア

〔出典〕中国鋼鉄工業年鑑、各年版

に入ることができた。

　この意思決定から見えてくる**中国共産党という政権の特徴は、創造的破壊、産業の発展を恐れず、それがもたらす利益を取り込もうとした絶対主義政権**であったことである。

　鄧小平が、国有企業や人民公社といった旧制度のもとでの利益主体を追い込む「創造的破壊」を恐れなかっただけでなく、積極的に「創造的破壊」を推進したからである。国有企業優先の建前とは逆に、国有企業の相対的地位の低下をゆるして、創造的破壊を行う、という、1990年代の意思決定が大きな影響をもたらしたことを示している。

　ただし、共産党はいたずらに自分の権益を手放しただけではない。創造的破壊を引き起こす主体をサポートして、そこから生まれる利益を享受する主体であった。次章で検討するように、改革開放への転換後、ごく初期には、起業をするには体制内身分があることが有利であったし、体制側もそうした身分の利用を認め、代わりに利益の供与を、受けていたところがあった。こうして、社会と政権の間での利益再分配が起こっていたのである。

　それでは、なぜ鄧小平は創造的破壊を恐れなかったのか？

第2部 経済はどのように発展してきたのか —— 高度成長の原動力

　厳密な検証については、政治学者の仕事を期待したい。彼自身が権力を掌握するための手段として、この制度を「創造的破壊」を実行することが有効だったと、コースと王は指摘している（コース＆王寧、2013）。鄧小平自身は、典型的な経済学者のように創造的破壊が社会に対してよりましな状況を生む、ということを信じていたためとは考えにくいふしがある。あくまで、権力の掌握をめざす政治的な動機に導かれたものであったと思われる。あくまで偶然だったのだろう。とすれば、この偶然の一致が、中国を救った。

　一方で鄧小平は、政治体制に関する「破壊と創造」は断固拒否した。共産党は、政治的な権力の再配分が起こることを極度に恐れ、そうした動きの芽を摘み取ってきた。経済を支える主体が民間に移ってしまうことを恐れ、2002 年の憲法で民営起業を党の論理のもとに組み込むと同時に、「瞰制高地」（中屋、2013）を維持するために国有企業の存在をできる限り維持しようとしてきた。

　これは、圧倒的な政治的権威をもっていた鄧小平ですら、国有企業を完全に否定することはできなかったとも解釈すべきかもしれない。共産党は中国全土に対して絶対的な力を持っており、当時の鄧小平の力も強かったが、鄧小平にとっては対抗勢力の力は無視できず、そこに緊張関係が生じ、権力を規律づけていた。この左派、保守派と呼ばれる勢力、この国有企業を維持しようという勢力の慣性は、現在に至るまで消滅していない。

さらなる制度転換の可能性

　今後、中国はさらなる制度転換を進めていくのだろうか。最後にこの点を議論して、本章をまとめたい。

≫「包括的な政治制度」の成立する条件

　国家、制度と経済成長の関係を考えるにあたって、アセモグルとロビンソンは、「包括的制度」と「収奪的制度」という分類を提議している。

　まず、「包括的な政治制度」とは、

　　十分に中央集権化され、かつ多元的な（意思決定を可能にする）政治制度
　　　　　　　　　　　　（アセモグル＆ロビンソン、2013上／カッコ内は筆者が補足）

と定義し、この条件がそろわない場合は、「収奪的な政治制度」と呼ぶとしている。この収奪的な政治制度は、限られたエリートに権力を集中させ、その権力の行使にほとんど制約を課さない（同上）。

　一方、「包括的な経済制度」とは、エリートだけでなく、社会の幅広い階層の人々に、「安全な財産権」と「ビジネスチャンス」が与える制度、と定義している。そして、この安全な財産権、法律や公共サービス、さらには契約と取引の自由な存在は、国家の存在があって初めて可能になる。国家は、法と秩序、私有財産、契約を強制するものとして、また、公共サービスを提供するものとして経済制度と結びつく。包括的な経済制度は国家を必要とし、国家を活用することになる（同上、p.117）。こうした制度のもとでは、よいアイディアを持つ人は誰でも事業を始められるし、労働者は生産性を高められるような活動に従事することができる。人々は、自由に最適な天職を追求することができるようにするだけでなく、だれでも公平にそうした機会を追求するチャンスを与えることになる。

　これと対比される「収奪的な経済制度」とは、社会のある集団から資源や利益を収奪し、別の集団に利益をもたらすように設計されている制度を指す。

　　収奪的な経済制度が生き延びられるのは、収奪的な政治制度のおかげである。
　包括的な政治制度が機能しているとき、権力は広く付与するために、一部のエリートのために多数の利益を犠牲にするような制度は拒絶されるからである。

（アセモグル＆ロビンソン、2013上）

　アセモグルらは、膨大な事例を引用しながら、政治的中央集権制が経済発展に不可欠であることを、繰り返し指摘している。中央集権の欠如は、統一的なルールが運用されることを妨げる。中央集権を確立することではじめて、部族や家産制経済から抜け出し発展をしたあと、２つに異なる道を進むことも紹介している。１つは、「包括的な政治制度」への転換が進み、持続的な経済成長を達成する事例である。これと同時に、中央集権制の確立のあと、権力を拘束する勢力が不在の場合、絶対主義的な政治体制が強化され、権力者が「収奪的な制度」を維持することに強いインセンティブをもち、その状態にとどまる例も多く報告している。

第2部 経済はどのように発展してきたのか――高度成長の原動力

≫「マルサス後」の権力配分の変化の可能性

さらに「包括的な経済制度」は、持続的な経済成長を支える、技術と教育への投資を促す力も持っていることもアセモグルとロビンソンは指摘している（同上）。経済発展につれて、過剰労働力が解消されると、技術と投資は経済成長に不可欠の要因になっていく。そして、技術を選択し投資をする主体が非エリート層にまで広がっているとき、政治的な権力のありかたにも影響しはじめる。具体的に言うと、非エリート層は発言権、政治的な権力を手にするようになるのである。

この点は、今後の中国の制度の展開を考えるときに重要である。これは、**改革開放を経て、中国の経済システムは、過剰人口が解消され、イノベーションと生産性の上昇がなければ持続的な経済成長が難しいステージにすでに入っている**からである。労働力が過剰に余っている時期には、中央集権的な政府自身が集中的に投資することで、経済成長は実現できる。これは、イギリスの経済学者マルサスがGDPを増やすと人口が増えて1人当たりGDPがなかなか増加に転じないトレードオフを描いた時期に、有効な政策である。つまり、「マルサス的な世界」では、中央集権的な政府自身による投資が経済成長をもたらす可能性がある。

しかし、過剰人口が解消されると、本質的な生産性の上昇を伴わない政府による投資の拡大は、インフレなどの弊害を招くばかりで、持続的な成長を実現できない。「マルサス後の世界」である。このステージに入ったとき、中央集権的な政治制度は収奪的な選択をしている余裕はなくなる。包括的な制度を確立することができて、初めて持続的な経済成長が可能になる。収奪的な政治権力の選択肢は、収奪的な制度を維持して経済成長を維持できなくなるか、包括的な制度への転換を図ることで、経済成長を維持するか、に限られてしまうのである。

この経済発展の段階にともなって、経済成長の源泉は変化し、それとともに、権力の配分が変化する。この点は、フクヤマも重視しており、「マルサス後の世界」の特徴を詳細に議論している（フクヤマ、2013下）。

≫包括的制度と中国の距離

それでは、現在の中国の体制をどう理解すべきなのだろうか。アセモグルとロビンソンは、「絶対主義的な政権、収奪的な政治体制は、創造的破壊を恐

れ、イノベーションと自由化を拒否し、収奪的な経済体制を選択する傾向がある」（アセモグル&ロビンソン、2013上）と指摘している。

　そして、長い歴史と幅広い空間の経済発展と制度の関係をめぐる研究の総括で、中国について次のようにまとめている。中国は、「収奪的な政治制度が、自分たちに挑戦する勢力がないと判断しているときには、包括的な経済制度を採用することがある」事例である、と分類している。

　　　近年、中国ではイノベーションとテクノロジーに重点が置かれているものの、成長の基盤は創造的破壊ではなく、既存のテクノロジーの利用と急速な投資だ。一つ重要なのは、中国では所有権が全面的に保障されてはいない点だ。戴（国芳。江蘇鉄本の創業者──引用者注）のように、起業家が没収の憂き目にあうことは珍しくない。労働者の移動は厳しく制限されている。　　　（アセモグル&ロビンソン、2013下）

　彼らは、ここで、成長の基盤は、「創造的破壊」にない、と主張し、筆者と異なる見解を示している。しかし、すでに**図4-2**（58頁）で見たように、中国のGDPの伸びに全要素生産性が果たした貢献は小さくはない。特に1990年代前半は生産性の伸びが最も貢献し、2000年から2008年にかけて、生産性の伸びは資本のそれに匹敵する貢献をしている。中国共産党は、民営企業の市場参入を認め、WTOに再加盟するという「創造的破壊」を受け止める政策を決定したことは、経済成長にやはり貢献している。

　しかしながら、**中国の現在の制度が、「安全な財産権」を 100パーセント保証し、すべての人に「公平なビジネスチャンス」が開かれているとは言えないのも事実**である。

　まず、財産権のすべての人に保証されているのか、という点である。2000年代の半ばに、民営起業家が権力の不合理な収奪を受けることから、制度的には保護されていないことを示す事案が発生している。アセモグルらも取り上げている江蘇鉄本鋼鉄有限公司の戴国芳の事件、そして、重慶市共産党委員会書記であり、その後失脚した薄熙来が「打黒唱紅（黒をたたき、赤を称揚する）」運動の中で行っていたと言われる民営起業家の財産権の侵害に対する苛烈なものである。

　経済誌「財新網」は、重慶第2位の資産家だった民営企業家・李俊のケースを詳細に報じている。これによると、警察は、李がやくざとつき合っていた疑

いで逮捕した。彼が裁判を受ける前に、警察は個人財産を差し押さえ、「暗組織ヤクザ撲滅基金」として 2億元引き出していたことが明らかになっている。警察は、捜査対象者の財産を運用経営したり処分する権利はない。これは明らかに個人資産の財産権の侵犯にあたる。

　事件の発覚後、「打黒」活動の調査をした童は、次のように報告をしている（童之偉、2012）。「打黒」活動の対象は、ほぼすべてが民営企業家であったと。調査の対象となったのは3,348人、非合法組織は63組織であった。民営企業家を対象とした判決のほぼすべてで「個人財産をすべて没収する」という判決が出された。結果として、「非公有制企業の企業家の財産が、国有企業や地方財政の懐に渡った」という。これは、中国の憲法その他の法規に照らしてみても違法であり、法治の精神にも憲政の規定にも反している（財新網、2012／童之偉、2012）。このように民営企業家の財産権が完全に保障されていない。ワインガストのいう、「経済システムの根本的な政治的ジレンマ」が苛烈な形で出現した事例といえる。

　また、「公平なビジネスチャンス」という点でも、まだ完全とは言えない。たとえば、親のコネ次第で就職に差が生まれると広く認識されている。公有制企業であり、本来ならば国民全体に門戸が開かれているべき国有企業の従業員の採用は、まったく公開されずに私的なコネを通じてのみ採用している。民営企業がアクセスできる金融資源は限られているし、多くの政策はデフォルトで公有企業を優遇している。

　社会を構成するメンバーを分断しておくことで、絶対主義的な権力の維持が可能になる。前出の青木昌彦が分析が予言したように（青木、2003）、**中国共産党は、国有企業と民営企業を分断し続けることで、民営企業を黙らせ服従させてきた面がある。しかし、現在の世界では、民営企業が国を捨てて逃げることができる。**海外とのつながりは、中国の制度転換を促すファクターになる可能性がある[注3]。

≫ 国際経済制度と中国

　20世紀前半、ヨーロッパを中心とした2度の世界大戦が終結したとき、こうした戦争は重商主義的な思想をもとにしたブロック経済志向が戦争の原因である、という反省があった。この反省をもとに、貿易投資をめぐる通商体制の自由化を目指す、国際的な通貨・金融政策の協力体制の構築が始まった。

前者が、関税と貿易に関する一般協定（GATT）の基礎の上に、1995年に世界貿易機関（WTO）が設立されることが固まった自由貿易体制である。後者が、国際通貨基金（IMF）および世界銀行グループを核とした国際金融秩序である。

WTO体制の核心は、加盟国の間には、「最恵国待遇」と「内国民待遇」を自動的に与えるとことにある。最恵国待遇とは、特定の国（WTO加盟国であるかどうかは問わない）に与える最も有利な待遇は、他のすべての加盟国に与えなければいけないという原則である。2度の世界大戦の原因となったブロック経済は、最恵国待遇を選択的に行うことで、形成された。このため、制限なく一般的に最恵国待遇を付与することが、現在のWTO体制の核となっている。現在、多くの国が2国間などの貿易協定などを結んでいるが、その際もこの最恵国待遇の原則を遵守することが求められている。内国民待遇とは、輸入品に対する措置は、関税を除き、国内品と同等の扱いをしないといけないという原則である。これにより、輸入品を差別することを禁じている。

このため、WTO体制に入ることは、国内の制度を国際的なものと接合していくことを意味している。中国は、2001年末、143番めのWTO加盟国となった。中国の市場経済化への制度改革は、WTO加盟によって後戻りのできないものとなった。2016年には中国の人民元がIMFの特別引き出し権を担保する通貨バスケットに参入された。

2015年の米中首脳会談後の新華社の発表においても、「中国の繁栄は、ブレトンウッズ体制[注4]とWTOの2つの体制の恩恵を受けている。」と述べている。中国はこの体制の最大の受益者である。現在のところ、まだ体制を支える側には回っていない。その意味で、この体制を壊すことのメリットも少ない。米国に替わって覇権を握り、この体制を維持するだけの能力もまだ備わっていない。そして、この自由貿易体制を壊すことは、中国経済自身にとっても合理的な選択ではないだろう。

「中央集権体制」と「創造的破壊」

中国は現在、その長い歴史の中でも、唯一無二の特別なキャッチアップの時期を経験している。紀元後の歴史上初めて、1人当たりのGDPが、欧米および日本などの先進国の水準に追いつこうとしている。

第2部　経済はどのように発展してきたのか —— 高度成長の原動力

　中国共産党が1980年代から2010年代にかけて、驚異の経済成長を遂げることのできた理由は、主に2つある。1つは、経済成長に必要な「中央集権体制」の構築に成功したこと。もう1つは、自分の政治的基盤であった国有企業が「創造的破壊」されることを認めたことである。

　鄧小平のこの決断が非常に貴重であった。計画経済の破綻に直面していた中国共産党は、経済を立て直すため、市場経済化を進めた。そのプロセスでは、なんどもイデオロギーと現実の間のせめぎあいがあり、失敗と調整を重ね、試行錯誤した。官僚組織をつかって行政制度を転換させることに、まがりなりにも成功したのは、中国共産党が政治的中央集権制を確立していたためである。

　しかし、共産党が経済権力を握りつづけることについては、こだわりつづけている。このイデオロギーをひっくり返すことは難しく、「公有制の維持・優先」は、現在も政治的には生きている言説である。この言説のもと、民営企業家の財産権は究極的には守られない。

　また、ビジネスチャンスの不平等さが残っている。この「収奪的な経済制度」の特徴を維持しようとする共産党の姿勢が、持続的経済成長の足かせになるように思われる。国際経済制度との融合は、共産党が新たな創造的破壊に向き合い、包括的制度の構築を促すことになる力となる。WTOへの加盟によって、最恵国待遇と内国民待遇の原則を中国は受け入れ、2000年代の高度成長を確実なものにすることができた。

　現在、世界で各地進んでいる投資協定は自由貿易区などのあらたな通商政策のしくみは、投資をめぐる政府の決定もルール化することを試みている。中国もすでに、こうした21世紀型のあらたなしくみにコミットしており、こうした制度的な融合を進めることが望ましい。

（わたなべ・まりこ）

注1) 2008年以降、全要素生産性の伸びが落ち込み、おもに資本の投入によって、GDPが伸びる傾向がうかがえる。この数字が、今の中国が抱える問題を反映している。

注2) このマディソンのデータベースは、長期間にわたって、世界各地のGDPを比較できるようにするため彼らの計算した購買力平価を使って、各国のGDPを換算している。このため、通常報道される経済規模の順位と多少違うものになっている。ちなみに、実際の為替レートで換算したGDPベースでは、中国のGDPの規模は2010年に日本のそれを追い抜き、世界第2位の経済大国になっている。

注3) 2016年9月から10月にかけて、「財産権の保全に法治化に関する意見」の制定が報じられている。報道によると、公有と民営企業の間にある不合理な規定、差別を撤廃し、財産権の保護は法にもとづいて運用され、所有制の間の平等を確保する、となっている。

注4) 戦後すぐから1970年代までの国際金融秩序の呼称。その後、金本位制を離脱し、現在の体制に移行した。

【引用・参考文献】

青木昌彦（滝沢弘和・谷口和弘訳）『比較制度分析に向けて』NTT出版、2003年

石川滋 『開発経済学の基本問題』岩波書店、1990年

イアン・ブレマー著、有賀裕子訳『自由市場の終焉──国家資本主義とどう闘うか』日本経済新聞出版社、2011年

ダロン・アセモグル、ジェイムズ・ロビンソン著、鬼澤忍訳『国家はなぜ衰退するのか──権力・繁栄・貧困の起源』上・下、早川書房、2013年

丁可・潘九堂 「『山寨』携帯電話──プラットフォームと中小企業発展のダイナミクス」渡邉真理子編『中国の産業はどのように発展してきたのか』勁草書房、2013年

中屋信彦 「中国『瞰制高地』部門における公有企業支配状況調査」『調査と資料』2013（平成25）年3月

林毅夫、李周、蔡昉著、渡辺利夫監訳、杜進訳『中国の経済発展』日本評論社、1997年

フランシス・フクヤマ（会田弘継訳）『政治の起源──人類以前からフランス革命まで』上・下、講談社、2013年

ロナルド・コース、王寧著、栗原百代訳『中国共産党と資本主義』日経BP出版社、2013年

渡邉真理子 「中国における企業再構築──四川省国有小型企業の事例」国宗浩三編『金融と企業の再構築 アジアの事例』アジア経済研究所、2001年

渡邉真理子 「旺盛な参入」と資金制約──「国進民退」をはねかえす企業家の創意工夫」愛知大学現代中国学会編『中国21』 Vol.38（中国の産業競争力）、東方書店、2013年

財新網「王立軍打黒真相」2012年12月6日

周黎安『転型中的地方政府：官員激励．与治理』上海格至出版社、上海人民出版社、上海、2008年

童之偉『重慶打黒型社会管理方式研究報告』2012年

第2部 経済はどのように発展してきたのか —— 高度成長の原動力

Acemoglu, Daron, Jacob Moscona and James A. Robinson, "State Capacity and American Technology: Evidence from the 19th Century", mimeo, January, 2016.

Fukuyama, Francis, *Political Order and its Decay : From the In-dustrial Revolution to the Globalization of Democracy*, Farrar Straus and Giroux (T), 2014

Weingast, B. , "The Economic Role of Political Institutions：Market Preserving Federalism and Economic Developmentm" *Journal of Law, Economics and Organization* 11, pp.1-31.

第5章

中国共産党と民営企業家

――創造的破壊を抱きしめ続けられるか――

渡邉 真理子

民間資本との共存

　経済の成長には、市場取引を支える制度が必要である。そうした制度は権利の保護やルールの執行を担うことが期待されており、それを実行するには十分に中央集権化された政治的な権力が必要である。前章では、中国共産党が高度成長を達成することができたのは、政治的な中央集権を確立したことで、ルールを執行する力を持ったことであると同時に、自らの利益基盤を浸食する可能性のあった創造的破壊を受け入れる決定をしたからと主張した。一方、ワインガストが「経済システムの根本的な政治的ジレンマ」と呼ぶように、十分な中央集権を達成できる権力は、民間部門の財産を侵害する力も持っている。企業家の資産を政治権力が野放図に侵害する可能性があるとき、企業家は投資を控え経済活動は停滞する。そもそも経済成長は、実現できないはずである。

　中国共産党は、民間資本を侵害する力も持っており、時折そうした暴力的な事件が実際に起きている。こうした絶対主義的な権力を持つ共産党が、どのように創造的破壊に向かい合ってきたのか、そして、これからも創造的破壊を受け入れ続けるのか。本章では、共産党と民営企業家との関係を観察することで、この問題を考えてみたい。

　まず、現在の中国の制度においては、**国有企業と民営企業の間には分断がある**ことを指摘する。しかし、民営企業への差別はあるものの、それを体制が支持す

るメカニズムも存在していた。起業家は、経済活動の安定に必要な権力の保護を借り受けることが生死を決していたといえる。**民営企業家は、共産党の枠組みの外から自然に発生してきたのではなく、権力との間の交渉を経て、ようやく生存が可能になった**といえる。さらに 2010 年代に入って、新興民営企業がインターネットを中心として、経済の根幹を握るようになっている。

こうした動きとどのように向き合うのかは、共産党が創造的破壊とどう向き合うのかを示す事例となっている。

共産党と企業——国営企業か民営企業か

現在、中国の経済システムを観察すると、**経済を担う企業の間には明らかな身分差別**がある。これは、公式な制度が定めたもので、憲法、共産党の綱領および各政権の党大会における、企業をめぐる規定に明記されている。**表5-1**は、1987年に私営企業の存在が認められて以降、民営企業と国有企業の関係をど

表5-1　国有企業と民営企業の関係に関する党の決定

年	法規・政策名	国有、民営の問題にかかわる論点
1987	第13回党大会	・個人経済と私営経済の発展を奨励する。
1988	憲法改正	・第11条、国は私営経済が法律の規定する範囲内で存在し発展することを許す。
1992	第14回党大会	・社会主義市場経済体制の構築を改革の目標とする。
1993	第14期三中全会 ・社会主義市場経済体制の確立に関する若干の問題に関する決定	・社会主義体制の中にも、市場経済を導入することはできる。
1997	国有経済の配置を調整し所有制構造を改善する	・国有企業の改革を決定。改制と呼ばれる所有権の確定、労働者の解雇権限などを決定。
1999	第15回党大会 ・国有企業改革および発展に関する若干の重大な問題に関する決定	・国有経済の戦略的調整を行い、国有企業の範囲を国家の安全と自然独占の範囲にとどめる。
2002	第16回党大会	
2003	第16期三中全会 ・社会主義市場経済体制の設立に関する若干の問題に関する決定	・ごく少数の国家独資企業以外は、積極的に株式化と混合所有制度化を進める。
2007	第17回党大会	・公有制企業の地位を守り、国有経済における主導的な地位を確保する。多様な所有制を推進する。 ・公有制企業を中心とし、多種類の所有制度が共同発展する制度を基礎とする。公有制企業の地位は揺るぎなく発展させる。
2008	第17期三中全会	・(農村改革に関する若干の重要決定が行われ、企業改革に関しては重要な決定がなかった。)
2012	第18回党大会	・公有経済の地位を揺るぎなく固めて発展させ、揺るぎなく非公有制企業の支持も行う。
2013	改革を全面的に深化するための若干の重大問題に関する決定	・公有制経済の地位を揺るぎなく固めて発展させ、公有制を経済の主体とし、国有経済に主導的な機能を発揮させる。

〔出典〕各種報道および共産党ホームページなどから筆者作成。

表5-2　国有企業の活動範囲に関する制限

年	法規・政策名	国有資本が活動する分野
1999年9月	第15回党大会「国有企業改革および発展に関する若干の重大な問題に関する決定」	・国家の安全に関わる産業、もしくは、自然独占の産業、公共財、公共サービスを提供し、支柱となる産業、ハイテク産業の中心となる企業。
2006年12月	「国有資産管理委員会の国有資本の調整と国有企業の再構築に関する指導的意見」	・国家の安全、重要なインフラおよび鉱物資源に関わる産業、公共財・公共サービスを提供する産業、支柱となる産業。
2013年11月	第18期三中全会決定	・国有資本は公益性事業に投資し、公共サービスに貢献する。第二に自然独占が発生する分野。ネットワーク性の強い産業でも、可能な限り開放する。
2015年9月	国有企業改革深化への意見	・国有企業を公益性および商業性企業に分ける。国有企業は、国家の安全にかかわる産業、国民経済の命脈を握る産業、重要な任務を持つ商業性国有企業については、国有資本が支配的地位を持つ。

〔出典〕各種報道および共産党ホームページなどから筆者作成。

のように位置づけてきたのかをまとめたものである。「公有制の地位が揺らぎないものであり、それを優先するという表現は、一貫して変化していない。現在にいたるまで、**公有制企業が「一等国民」、民営企業が「二等国民」**と謳っているのである。

　こうした明確な差別があり、自らの資産の安全が十分に担保されていないように見えるにもかかわらず、**なぜ民営企業家たちは、投資をし、経済活動に参入しているのだろうか。なぜそれができたのだろうか。この問への答えが、中国経済がなぜ発展できたのか、を理解する鍵**になる。

　中国の制度は、より具体的に、国有企業はどのような範囲で活動できるのかを定めている（**表5-2**）。1999年9月の党大会の決定で初めて、国有企業の活動する範囲に制限が加えられた。これは、「支柱となる産業、ハイテク産業の中心となる企業」の部分を除けば、経済的にごくオーソドックスな規定であった。しかし、2006年の国有資産管理委員会の指導意見が、この定義を換骨脱退する。自然独占と規定されていた部分を、「重要なインフラおよび鉱物資源にかかわる産業」という個別具体的な定義が入り込む。これを機に、鉄道部は政府と企業の分離を拒否し、急激な投資拡大に走る。また、石炭やレアアースといった地下資源を扱う民営企業が、国有企業に買収される動きが頻発する。こうした買収は、往々にして不合理な条件での取引となっていた。いわゆる「国進民退」と呼ばれる動きは、この指導意見の発布を契機に始まったとみられる。

　中国の公有企業優位体制は、イデオロギーの問題でもある。このため、共産党が「瞰制高地」部門における**公有企業支配**(中屋、2013)を維持し続けるであろう。

経済的には、公有であること私有であること自体は、本来は問題ではない。いずれの所有制のもとにあろうと、競争に中立公正な制度があれば、経済厚生には影響しない。しかし、中国の公有制企業は、政治資源や金融資源へのアクセスについて有利な立場であることが多く、それが競争にゆがみをもたらしている可能性がある。**公有制が維持され続けるのであれば、法治の徹底により、公有企業と私有企業の間の公平な競争条件が担保されることが、中国経済の健全な発展に必要**である（加藤・渡邉・大橋、2013／渡邉、2016）。

収奪的制度のもとでの起業

≫収奪的な中国の制度

中国の制度は、アセモグルらが「包括的制度」と定義したものからはほど遠い。中央集権化されてはいるものの、多元的な意思決定を可能にする制度は構築されていない。そして、限られたエリートに権力が集中されているが、エリート内部の規律以外に権力の行使には制約が課されていない。アセモグルらの定義によれば、収奪的制度と呼ぶことになる。この収奪的な制度のもとでは、非エリートは、財産権は保全されておらず、ビジネスチャンスも公平ではないため、投資を行わなくなり、経済は停滞する。アセモグルらは、コンゴの王国の歴史では、不安定な制度が、技術を選択し投資をするインセンティブを奪い、経済の停滞を繰り返したことを指摘している（アセモグル＆ロビンソン、2013）。

また、コースと王寧は、1980年代に農家請負制を開始した直後の中国においても、農民は農村の自由化政策に政府がはっきりとコミットするまでは投資を控え、農業の生産量が思うようには上昇しなかったことを紹介している（コース＆王、2013）。

しかし、前章で触れたように、中国共産党は、結果的に、非エリートが新らしい技術を用いて、ビジネスチャンスに投資をしていく環境を整えることにある程度成功した。収奪的な制度のもとで、非エリートである民営企業家が起業し、投資をするインセンティブを持たせることができたのであろうか。収奪的な制度のままで、民営企業家は、なぜ旺盛な参入をするようになったのだろうか。

≫低質な制度を補う力

1つは、不十分な質のフォーマルな制度を補う方法があったからである。そこには、政治権力と企業家の間には相互依存の関係があった。そもそも、中国

の制度が低質である、収奪的である、ということは、具体的にどのような状態を指しているのか。まず1つには、権利の保護とビジネスチャンスが、国民全体に平等に与えられていないということである。

抽象的には、

・意思決定システムが多元的ではない。

・制度の運用が非対称的である。

ということになる。具体的には、差別されている側の中国の民営企業の視点から見た場合、

・自らの利益を意思決定に反映させる力が弱い。

・制度のうえで、明確に身分差別を受けており、制度の執行は自分たちに不利になるようことが多い。

このような状況で、**なぜ民営企業は活動し投資を行うインセンティブを持ち続けていたのだろうか。**

・まず、民営企業は自分たちの利益を政治的な意思決定に反映させる力は限定的であり、それをフォーマルに向上させようという努力はしていない。

・しかし、民営企業も、党の政治的権力を「借りる」方法はあった。

・さらに、経済的な取引をめぐる権利を守るためには、当事者間の取り決めで回避することも可能な範囲はあった。契約や経営戦略によって、相手の行動を縛り、自らのリスクを回避する方法はあった。

また、民営企業は、次のようなやりかたで、**共産党の権力からの庇護を「借り受ける」**ことができていた。

・ある制度の運用にあたって、政府がどのように運用するかは交渉次第であった。このため、民営企業は自分の利益を守るために個別に交渉していった。

・体制内の身分を持つ主体が、民営企業として活動を始めた。彼らは、もともと持っていたネットワークを活かし、政府に対し、自分たちの利益の保護を個別に求めた。

では、政府と民営企業家の間の交渉がなぜ成立したのか。

特に、**企業側がすぐれた企業家精神を持ち、新しい市場を生み出す力を持っていたとき、そこから生まれる利益を分配**することができる。こういう**プラスサム、ウィン-ウィンの関係があるとき、政府はこうした民営企業を保護し、収奪的な行動はとらない、という交渉に合意**することが多かった。

1990年代後半の新興企業の設立物語を見ていくと、アイディアを持った企

84　第2部　経済はどのように発展してきたのか —— 高度成長の原動力

業家たちが地方政府と交渉して、資源と保護を引き出し、ビジネスをつくって
いく物語が数多く存在している。

≫政府と起業家の間の契約

　1978年の改革開放への転換からその後の時期、中国企業はどのように活動
してきたのか。2007年に出版された呉暁波の『激盪三十年』に登場する企業
をサンプルとして考察してみたい[注1]。呉暁波は、中国の企業、経済政策に関
する評論を続けてきた作家で、2008年に改革開放30周年にあたり、この30年
間の中国企業史を伝奇的に描く『激盪三十年』をまとめ、中国国内で話題とな
った。この本に登場する有名企業をサンプルとして、考察してみよう。

　表5-3にまとめたサンプル対象企業について、起業家と政府の関わり方を見
ていくと、そこには「起業家」と「投資家」としての政府との間の多様なかた
ちの契約があったことが観察できる。

　政府部門、公有部門と企業家の間には、具体的に次のような取り決めがみら
れた。

(1) 政府が単独出資をし、企業家に経営を任せる。

(2) 政府と国有企業の間の「承包（請負契約）」を結ぶ。（例：首都鉄鋼）

(3) 公有制企業と民営企業の間の合弁などの「聯営（提携）」。（例：技術者
　 の派遣、華為と省郵電局との合弁会社）

(4) 公有企業と個人の間の「承包（請負契約）」。（例：三九製薬、格力と販
　 売部隊との契約）

(5) 外資の身分を得る。（例：創維、TCL）

(6) 個人から資金を集める。（例：孫大午集団）。

　この政府と企業の間の「契約」は、もちろんすべてきちんと設計された効率
的なものではなく、失敗を引き起こしたものもあった。

　例えば、(2) の政府と国有企業の間の請負制については、一時広く採用され
たが、その後矛盾が現れる。この請負契約のもとでは、経営者は企業の資金を
動かす自由を与えられている一方、失敗に責任を問われるしくみのない制度と
なっていたからである。1990年代の後半までには、こうした請負制度の問題
点が広く認識されるようになっていく。請負条件の交渉をめぐる不透明性と煩
雑さ、経営者側のインセンティブ管理の問題、そして失敗した場合の責任の不
透明性という問題である。そして、この請負制の 教訓として、所有権の確定

表5-3　サンプル企業のプロフィール

企業名	創業者/改革者	主要産業	設立時の企業形態	設立年	破綻/引退年	その理由
◎農村コングロマリット、多角化経営						
大午集団	孫大午	農村コングロマリット	郷鎮	1984	2003	民間からの違法集資で逮捕。
華西村	呉仁宝	金属、セメントなど	郷鎮	1969	—	
大邱荘	禹作敏	金属、その他	郷鎮	1984	1993	上級政府の調査に対し、武装対抗。
南徳集団	牟其中	貿易、その他	私営株式企業	1979	1999	資金流用で逮捕。
◎鉄鋼・製薬・製紙						
首都鉄鋼	周冠五	鉄鋼	国有（中央）	1950	1993	息子の経済犯罪を機に引退。
宝山製鉄	—	鉄鋼	国有（中央）	1977	—	
江蘇鉄本	戴国芳	鉄鋼	民営	1996	2003	マクロコントロールの際、不正な投資計画・詐欺の疑いで逮捕。
復星	郭広昌	製薬・鉄鋼	民営	1992	—	
三九製薬	趙新先	製薬	国有（中央）	1985	2004	
石家荘造紙廠	馬勝利	製紙	国有（市属）	1960	1995	馬は引退させられ、企業は破産。
◎食品						
娃哈哈	宗慶後	食品飲料	民営	1987	—	
楽百氏	何伯権	食品飲料	郷鎮	1988	2002	ダノンの株式を譲渡、何はVCを始める。
中国糧食	—	食品	国有（中央）	1979	—	
健力宝	李経緯	食品	郷鎮	1984	2004	李は政府の所有権改革案に反対、最後は国有資産流出の疑いで解任。台湾統一へ株式売却。
伊利	鄭俊懐	食品飲料	国有（市属）	1983	2004	国有資産流出の疑いで鄭が逮捕。
蒙牛	牛根生	食品飲料	民営	1999	—	
◎自動車・金融・家電・通信						
第一汽車	—	自動車	国有（中央）	1953	—	
万向	魯冠球	自動車部品	郷鎮	1969	—	
華晨	仰融	自動車・資本経営	民営	1989	2002	遼寧省政府が金杯の資産を差し押さえ。仰はアメリカへ移民。
徳隆	唐万新	金融・食品・鉄鋼	民営		2004	参加の銀行に上場企業への融資を求め、規律違反で逮捕。
CITIC	栄毅仁	金融	国有（中央）	1992	—	
吉利	李書福	自動車・家電	民営	1979	—	
春蘭	陶建幸	家電・二輪車・自動車	集体企業	1982	—	2002年全面赤字、上場企業は特別処理対象に。
美的	何享健	家電・自動車	郷鎮	1985	—	2001年経営陣による株式買取に成功。
格蘭仕	梁慶徳	家電	郷鎮	1968	—	
康佳	陳偉栄	家電	国有（中央）	1978 1980	2001	陳が辞職。多層セラミック企業を設立、2007年に香港上場。
TCL	李東生	家電	国有（市属）	1981	—	
万宝	鄧紹深	家電	郷鎮	1983	1989	マクロコントロールで破綻。鄧紹深は海外へ移民。
科龍	潘寧	家電	郷鎮	1984	2005	1998年潘が定年のため辞任。その後買収した顧雛軍が不正関連取引の嫌疑で逮捕。
海爾	張瑞敏	家電	都市集体	1984	—	
創維	黄宏生	家電	外資	1988	2004	黄が香港当局に公金流用の嫌疑で逮捕。
聯想	柳傳志	家電通信	国有（中央）	1984	—	
華為	任正非	通信機器	民営有限公司	1987	—	
UTスターコム	呉鷹	通信	外資（アメリカ）	1992	2006	不正会計報告の嫌疑で、呉が辞任。
◎不動産・ソフトウェア・インターネット						
万科	王石	不動産	国有（市属）	1984	—	
巨人	史柱玉	ソフトウェア・保健品	民営	1989	1996	負債を抱え倒産。その後、1997年白脳金を創業。
網易	丁磊	インターネット	民営	1997	—	
アリババ	馬雲	インターネット	民営	1999	—	

［出典］［呉、2008］に登場する事例から筆者が整理。

第2部　経済はどのように発展してきたのか —— 高度成長の原動力

の必要性が認識され、国有企業の改革は、1998年から有限会社制、株式会社制へと進んでいく。

　また、（4）の公有企業が法人格と資金を個人に貸与し、個人が起業するというしくみは、とくに営業部隊と企業の間の契約などの場合、爆発的な販売の拡大を可能にした。しかし、法人格を名乗る個人を企業側がコントロールすることができないにも係わらず、事業に失敗した場合の責任が全面的に企業側に属することから、野放図な事業の拡大をもたらすことも多かった。モラルハザードの問題である。

　この時期に起業した企業については、2000年代に入ると、政府と企業を育て上げた経営者との間の所有権をめぐる争いが、企業の成長を左右する事態にまで陥った。資金調達方法に制約があるゆえに、政府の権限、資金に依存して起業するしかなかったため、その過去の制約が企業の自由度を奪っていった例である。

　（5）の個人からの出資を募ることは1990年代の後半に違法とされた。そして、民間からの出資を募った企業家が逮捕される事態にも至った。改革開放の初期ほど、企業家は政府に依存せざるを得ず、時間が経過するにつれ、それが企業の活動に制約を加えるというジレンマがあった。鄧小平

≫ 資金調達の手段としての体制内身分

　また、体制内の身分を起業のてこに使うこともよく見られた。改革開放の初期であればあるほど、政府は公有企業の起業を優先する傾向が強く、金融システムが資金を提供できるのはそうした公有企業のみであった。このような環境のもとでは、国有企業や郷鎮企業といった公有制企業の身分や公有制企業のもつ権利のアクセスがあれば、さまざまな資源を動かすことができた。そうした権利をもっているかどうかは、公有制の枠組みのなかに「身分」をもっているのかがメルクマールになる。**表5-4**は、**表5-3**に登場する企業について、企業の創業者・改革者が、起業の際にどのような身分をもっていたのか、を整理したものである。

　この**表5-4**では、1980年代までに起業された企業は38社中31社と8割を占める。現在中国で名の通った企業の多くは、1980年代までに設立され30年前後の歴史があることがうかがえる。そのうち創業者が公務員であったり、党で一定の地位を持っていたり、国有企業に分配されたといったように、「体制内」

第5章　中国共産党と民営企業家　87

表5-4　創業者の「体制内」身分

企業名	設立年	所有制（設立時）	創業者／改革者	体制内身分	請負	所有権確定	改制後の支配株主
首都鉄鋼	1919	国有（中央）	周冠五	国有企業に分配	○	○	国有株
一汽	1953	国有（中央）	－	○	国有株	○	
石家荘造紙廠	1960	国有（市属）	馬勝利	国有企業に分配	○	n.a.	破産
美的	1968	郷鎮	何享健	なし	X	○	経営者
華西村	1969	郷鎮	呉仁宝	村支部書記	○	n.a.	n.a.
万向	1969	郷鎮	魯冠球	人民公社幹部	○	n.a.	n.a.
宝山製鉄	1977	国有（中央）	不在	－	○	○	国有株
格蘭仕	1978	郷鎮	梁慶徳	桂洲鎮工交弁公室副主任	X	○	経営者
南徳	1979	私営株式企業	牟其中	なし	X	X	経営者・破産
中国糧食	1979	国有（中央）	不在	－	X	○	国有株
CITIC	1979	国有（中央）	栄毅仁	あり	X	○	国有株
康佳	1980	国有（中央）	陳偉栄	国有企業に分配	X	○	国有株
TCL	1981	国有（市属）	李東生	国有企業に分配	X	○	経営者
吉利	1982	民営	李書福	なし	X	X	経営者
万宝	1983	郷鎮	鄧紹深	なし	○	X	破綻
伊利	1983	国有（市属）	鄭俊懐	国有企業に分配	○	○	国有株
大午集団	1984	郷鎮	孫大午	村支部書記	n.a.	n.a.	
大邱荘	1984	郷鎮	禹作敏	村支部書記	X	X	破綻
健力宝	1984	郷鎮	李経緯	なし	X	○	鎮政府
科龍	1984	郷鎮	潘寧	容桂鎮工業委員会書記	X	○	鎮政府
聯想	1984	国有（中央）	柳傳志	科学院の研究者	○	○	経営者
万科	1984	国有（市属）	王石	なし	X	○	経営者
海爾	1984	都市集体	張瑞敏	国有企業に分配	X	○	国有株
春蘭	1985	集体企業	陶建幸	泰州市機械局	n.a.	集体	
三九製薬	1985	国有（中央）	趙新先	国有企業に分配	○	○	国有株
華為	1987	民営有限公司	任正非	なし	X	-	-
娃哈哈	1987	民営	宗慶後	なし	X	na	経営者
創維	1988	外資	黄宏生	なし	X	-	-
楽百氏	1988	郷鎮	何伯権	共産党青年団書記	X	○	経営者
華晨	1989	民営	仰融	なし	X	-	-
巨人	1989	民営	史柱玉	なし	X	-	-
UTスターコム	1992	外資	呉鷹	なし	X	-	-
復星	1992	民営	郭広昌	なし	X	-	-
徳隆	1992	民営	唐万新	なし	X	-	-
江蘇鉄本	1996	民営	戴国芳	なし	X	-	-
網易	1997	民営	丁磊	なし	X	-	-
蒙牛	1999	民営	牛根生	なし	X	-	-
アリババ	1999	民営	馬雲	なし	X	-	-

〔出典〕［呉、2008］に登場する事例から筆者が整理。

の身分を持っていたのは、22社である。一方、1990年代以降に起業された企業については、企業家も企業も政府、体制内の出身ではないことがわかる。

　1980年代においては、公有制の中での身分を持っていないと、起業し事業を継続させることが難しかった。企業家は体制の外から自然に「生えてきた」わけではなかった。その後、1990年代以降に設立された企業については、こうした公有制の身分に付随する権利や権限が、起業や事業継続に不可欠ではなくなったという変化が起きたことを示している。

第2部 経済はどのように発展してきたのか── 高度成長の原動力

表5-5　　主要企業の起業資金の調達方法

企業名	設立年	所有制（設立時）	創業／改革者	所有権確定	改制後の支配株主	創業資金の調達方法
首都鉄鋼	1919	国有（中央）	周冠五	○	国有株	n.a.
一汽	1953	国有（中央）	－	○	国有株	n.a.
石家荘造紙廠	1960	国有（市属）	馬勝利	n.a.	破産	n.a.
美的	1968	郷鎮	何享健	○	経営者	何享健と仲間23人が出資
華西村	1969	郷鎮	呉仁宝	○	n.a.	n.a.
万向	1969	郷鎮	魯冠球	n.a.	n.a.	借金
宝山製鉄	1977	国有（中央）	－	○	国有株	n.a.
格蘭仕	1978	郷鎮	梁慶徳	○	経営者	鎮政府の工業部門幹部が請負で羽毛ダウン工場を設立。
南徳（中徳商店）	1979	私営株式企業	牟其中	×	経営者・破産	知人から借金
中国糧食	1979	国有（中央）	－	○	国有株	n.a.
CITIC	1979	国有（中央）	栄毅仁	○	国有株	政府の政策により設立が認められる。
康佳	1980	国有（中央）	陳偉栄	○	国有株	華僑城（国有）と外資との合弁として設立。n.a.
TCL	1981	国有（市属）	李東生	○	経営者	会社が借金をし、さらに外資との合弁で企業設立。
吉利	1982	民営	李書福	×	経営者	1台カメラ、写真館、冷蔵庫工場へと原資蓄積。
万宝	1983	郷鎮	鄧紹深	×	破綻	n.a.
伊利	1983	国有（市属）	鄭俊懐	○	国有株	n.a.
大午集団	1984	郷鎮	孫大午	n.a.	n.a.	n.a.
大邱荘	1984	郷鎮	禹作敏	×	破綻	n.a.
健力宝	1984	郷鎮	李経緯	○	鎮政府	n.a.
科龍	1984	郷鎮	藩寧	○	鎮政府	順徳県容奇鎮工交弁公室が設立、鎮政府が試作費として提供。
聯想	1984	国有（中央）	柳傳志	○	経営者	中科院からの請負。
万科	1984	国有（市属）	王石	○	経営者	トウモロコシの仲買人としての利益300万元。
海爾	1984	都市集体	張瑞敏	○	国有株	n.a.
春蘭	1985	集体企業	陶建幸	n.a.	集体	n.a.
三九製薬	1985	国有（中央）	趙新先	○	国有株	三九胃泰という研究成果と借金で起業。
華為	1987	民営有限公司	任正非	-	-	n.a.
娃哈哈	1987	民営	宗慶後	na	経営者	n.a
創維	1988	外資	黄宏生	-	-	n.a.
楽百氏	1988	郷鎮	何伯権	○	経営者	自己資金で設立
華晨	1989	民営	仰融	-	-	海南華銀行からの出資
巨人	1989	民営	史柱玉	-	-	4000元の借金と印刷ソフトで起業。
UTスターコム	1992	外資	呉鷹	-	-	n.a.
復星	1992	民営	郭広昌	-	-	n.a.
徳隆	1992	民営	唐万新	-	-	知人から借り、写真プリント業で60万元稼ぐ。
江蘇鉄本	1996	民営	戴国芳	-	-	n.a.
網易	1997	民営	丁磊	-	-	n.a.
蒙牛	1999	民営	牛根生	-	-	1000万元
アリババ	1999	民営	馬雲	-	-	創立グループで出資。

〔出典〕呉、2008に登場する事例から筆者が整理。

　2000年代に江沢民が展開した「3つの代表論」は、「共産党の民営企業家の取り込み戦略」であるといわれる。しかし、「取り込まれる」対象であった民営企業家は、もともとは自分たちの仲間で、企業家活動に魅力を感じた事例だけでなく、政治な問題にぶつかり体制内で生きる道を失ったために、体制の外に出ていった事例も多かった。「3つの代表論」は、かつての仲間を再び迎え入れるプロセスという側面もあったのである。

次に**表5-5**では、起業資金の調達方法を整理した。これによると、政府が最初の起業資金を提供したケースも多い。中央直属の国有企業はもちろん、市属の国有企業、郷鎮起業となっている企業では、政府が企業家の資金の出し手になった。試作費の提供（科龍）、融資（三九製薬）、そして請負（聯想）を任せるといった政府からの資源提供の事実があった。

しかし、時代を下るにつれ、事業を少しづつ拡大させて原資蓄積をする古典的な自己資金の形成（吉利）が出てくる。また、正規価格と闇価格の存在した1980年代の商品市場やできたばかりの証券市場での投機を通じて蓄えた資金をもとに起業するケース、1990年代の後半に入ると、公有経済と私有経済の併存というゆがみを利用した仲買人のような商売や、株式市場や不動産市場でのサヤ抜きで蓄積した自己資金で起業する民営企業も増えてくる（万科、徳隆、巨人）。また、1990年代の後半に入ると、海外の株式市場や投資家からの資金提供を受け起業や拡大する企業も増えてきた（UTスターコム、アリババ、網易、テンセント）。

公有企業と民営企業の間には、**厳然とした身分差別**があり、これは2017年現在まで続いている。しかし、**民営企業は、この体制から完全に阻害されていたわけではなく、市場をつくる能力があれば、権力の保護や資源を引き出すことができていた。**ただしこれは、**あくまで権力側が自分にとって都合のよい対象を選択していただけで、すべての非エリートに道が開かれていたとは言い切れない。**

共産党と新興企業の関係をどう構築するか──アリババの事例

さらに、2010年代に入ると、産業構造の転換が進み、国有企業の活動する産業は斜陽化し、新興の民営企業が経済の根幹を支えるようになっている。国家と企業の関係は、産業構造の転換とともに変質が必要になっている。すでに**国家と共産党の関係が制度化された国有企業と異なり、こうした民営企業と共産党の関係は、まだはっきりとした制度がない。**

この関係がどのようになるかは、中国共産党がさらなる創造的破壊を抱きしめ続けることができるのか、もしくは権力が創造的破壊の論理を押しつぶしてしまうのか、の試金石になる可能性がある。この点について、国家とアリババの関係から、見ていこう。

第2部　経済はどのように発展してきたのか ── 高度成長の原動力

≫国有企業不在の領域での価値創造に専心したアリババ

　電子商取引最大手のアリババは、1999年、インターネットでの中小企業同士の取引を仲介するビジネスとしてスタートした。アリババが操業しはじめた当時、中国経済においては、国有企業の力が強く、民営中小企業が生存する空間は限られていた。特に、流通部門は国有企業に独占されているにもかかわらず、改革が遅れ、国有企業を優先し、かつ非常に効率の悪い状況であった。このため、民営企業は商品を売ることに大きな困難を抱えていた。適切な取引相手を見つけること自体が難しく、仮に販売先を見つけても、代金を支払ってもらえるかどうかが、大きなリスクであった。

　アリババは、この中小企業の事業環境を助けるビジネスを自分たちの主要な業態とした。インターネットの特性を生かして、中小企業同士の取引のマッチングをするビジネスを業務を開始したのである。さらに、アメリカからイーベイが中国に進出してきたのに対抗して、中小企業から消費者に向けた販売を行う取引サイトであるタオバオをスタートした。

　こうしてマッチングのビジネスが軌道にのると、顧客間の取引をめぐる支払いの問題を解決する必要が生じてきた。代金回収が相変わらず困難な状況にあったのである。こうしてスタートしたのが、アリペイ（支付宝）のサービスである。アリペイは、国有銀行が独占してきた支払い手段の提供に参入するサービスであったが、アリババ側は、銀行の決済システムには損害を与えないように気を使いながらビジネスを展開していった。しかし、中国人民銀行はインターネット決済システムも、自らの規制の対象に定め、外国資本の参加を禁止した。

　これは、ソフトバンクとヤフーの資本を受け入れながら成長してきたアリババに対する規制を始めることも意味していた。アリババは、この規制を受け入れるために、アリペイ事業をアリババ本体から切り離し、創業者である馬雲の個人資産基金の傘下に移した。この結果、株主であるヤフーとソフトバンクは、アリペイ事業関連の収益を手にすることができなくなったのである。これに、当時、経営が悪化しアリババ株からの配当が必要だったヤフーは強く反対し、アリババとヤフーの間の交渉は紛糾した。アリババ側は、アメリカのヤフー、ソフトバンクとの間に対立を引き起こす対価を払い、この規制を受け入れた。

　このように**共産党はインターネット事業への内国民優遇的な規制を強める一方で、さらなる規制緩和も進める動きも見せた**。アリペイの残高が銀行預金と肩を並べる規模にまで成長したとき、この資金を株式市場などで運用するミ

ューチュアルファンドを設立することを許可した。**中国の制度改革を進めるために、新興企業の力を使い、既得権益者であり共産党の支配下にある国有銀行の利益を取り崩すような試みを認めたのである。**

≫新興産業との関係を模索する共産党

2017年現在、アリババと国家の関係は、現在非常に曖昧なものである。2014年ニューヨークでの株式公開の際には、中国共産党の関係の近さが批判の対象となり、上場以降はまるで「国有民営企業」ではないか、と揶揄されることもある。民営企業であり新興産業であるインターネット業界の企業と中国共産党の関係には、はっきりとした枠組みがない。このため、ここ10年ほどの間、共産党はアリババとの距離を模索してきた。そして、ここ数年、はっきりと働きかけの対象として意識しているように見える。

現在、アリババは、従来の電子商取引からの収入に加え、クラウドサービスなど、インターネットサービスの部門でのシェアを伸ばしており、現在の中国のインターネット経済の根幹を担う企業になっている。また、中国共産党中央政治局の会議には、馬雲はしばしば出席している。上場などで手元にある余剰資金を運用するため、積極的な投資を行っており、現在、香港の有力新聞「サウスチャイナ・モーニングポスト」の筆頭株主にもなっている。また、アリババの創業者である馬雲は、最近、インターネットの世界でのWTOルールをあらたに構築することを提唱している。こうした動きは、中国政府の方針に協力しているように見える。

アリババは、国有企業が提供できない価値を提供する会社としてスタートした。それは、国有銀行、国有流通会社のビジネスを破壊するイノベーションであった。そして、現在も、イノベーションの最先端で、新しい価値を生む場で活動しているのは間違いない。しかし同時に、新しい価値を生むにあたって、共産党の規制を犯すことはない、という行動規範も持っているようでもある。こうした動きには、明文化されたルールがあるわけではない。アリババは、共産党の規制が、自らやその他の一定の分野のひとの利益に反するものだったとき、それを拒否することができるのか。インターネットの世界を流れる膨大な情報の管理について、対立と矛盾が生まれたとき、何が起こるのか。はっきりしたルールがない。

習近平政権の混合所有制改革は、当初は国有企業が株主として民間資本を受

けれることを宣言していた。しかし、これまでの歴史的経緯から、大型国有企業に匹敵する資産規模をもつ民営企業はごく限られている。例えば、総資産を基準に発表される世界の企業ランキング、フォーブス50にランク入りする企業は、中国工商銀行、中国石油、中国電信といった大型国有企業ばかりである。こうした国有企業にあらたに投資できる民営企業はほとんどない。アリババは、こうした企業と規模の上で肩を並べる数少ない民営企業である。

　一方、これからの中国を支える新興産業は民営企業ばかりで、国有企業が存在していないケースも多い。こうした産業の有力民営企業に、国有資本を投資しようという動きが進み始めている。こうして、ごく一部の民営企業と国有企業の間での資本の持ち合いが進んでいる。混合所有制改革は、本来の国有企業の所有の多元化というよりも、新興民営企業を国有企業を中心とした既得権益層のクローズドなグループを作る方向に向かっているようにも見える。

　さらに、時代が下るにつれて、新しい産業を生まれると、民営企業しか存在しない場合もある。**国有企業はかつての中核産業に集中し、新しい中核産業には民営企業しか存在しない状況**が起こっている。この状況に共産党がどのように対応しようとしているのだろうか。新興産業の中でも、インターネットに関わる産業は、国有企業の改革の遅れや不要な規制が残り続けることで生まれているひずみを解消したり、代替するようなビジネスを手がけ、成長してきた。そして、21世紀の経済成長とイノベーションを支えるインフラになっている。この分野にはまったく国有企業が存在していないが、経済的な重要性から彼らの重要性は高まっている。そして、その重要性の高まりが発言権の高まりに転換し、政治的な権力を構成する要素になる可能性がある。こうして、権力における公有制企業と民営企業の比重が変化する可能性は十分にある。

　しかし、党はインターネットを支える民営企業に政治的な忠誠を要求し続け、現在までのところ、彼らも政治的に対立を深める姿勢はとっていない。例えば、2016年3月4日に「忠誠の党員」という匿名で新疆ウイグル自治区政府と財訊メディア、アリババが共同して運営していたニュースサイト「無界新聞」に、「習近平引退勧告」公開書簡が掲載される事件が起きた。この「無界新聞」は、近年勃興しているインターネットメディアの1つで、新疆ウイグル自治区政府の支援を受けて設立されたものと言われている。このメディアの使っているサーバーを管理していたのはアリババグループの企業であり、中国国内でもっとも安全性の高いサーバー管理会社であった。

それにもかかわらず、ハッキングが起きたのはなぜか？　という疑問が報道されていたが、アリババ側は、この事件の対応について、党に全面的に協力したことが報道からうかがえる。この事件から、国家の情報管理方針に全面的に順守する方針を、アリババは持っていることがうかがえる。

インターネット取引のガバナンスは、世界の経済およびイノベーションに大きな影響を与える。欧米、日本だけでなく、発展途上国においても、インターネットのうえで新しい価値を生むイノベーションが行われている。中国自身もこのインターネットを通じたイノベーションの恩恵を受けている。中国以外の国にとっては、国境の枠組み、空間の枠組みを超えて、コミュニケーションと取引を行うことができる自由なインターネットの世界は、国境を超えた大規模な情報の流通を通じて、経済的利益を生む場である。世界の多くの国からインターネットに参加する人々は、恣意的な国家の介入が起こることはこれまでずっと拒否してきた。

しかし、**中国共産党はまったく別の思想を持っている。中国共産党にとっては、彼らへの政治的な対抗勢力が生まれるかどうかを、政治的な権力の配置を左右する要素であると理解している。このため、国家がインターネットを管理するという原則を強く主張し続けている。**この思想の対立は、インターネット取引をめぐる通商交渉の争点の１つになっている。中国政府は、自国に参入する電子商取引、検索企業に対し、投資の認可を出す条件として、関連するサーバーを中国国内に置くことを求めている。グーグルはこの要求を拒否して、一度参入した中国企業から退出した。また、環太平洋経済連携パートナーシップ（TPP）は、電子商取引の自由を謳った章において、直接投資の認可にあたって、サーバーの所在を国内に定める行為を禁じていた。そもそも、TPPは直接投資のホスト国の規制を統一化することを目指しているが、特に電子商取引はひとつの焦点になっている。果たして、インターネット取引のガバナンスを誰がどのように決めていくのかは、通商政策上の最大の課題になることは必至である。

インターネットは、本来世界中の個人を結びつける力を持っている。この力がもたらす創造的破壊を、中国共産党は拒否し、自らの管理下に置こうとしている。そして、共産党内のイデオロギー宣伝を主管する部門がまずインターネットを管理してきた歴史的経緯もあり、中国のインターネットへの態度は、絶対主義的・収奪的である。しかし、中国以外の国では、その潜在的な力を最大限生かそうという動きが進んでいくだろう。インターネットをめぐって、中国

と世界が対立するのか、それとも融和の道を見つけるのか。中国共産党がインターネットとどう向き合うのかは、中国の制度が包括的なものに転換するのかどうかを推し量るメルクマールのひとつになるだろう。

共産党はイノベーションを拒否するのか

　中国においては、公有制企業と民営企業の間には歴然とした身分の違いがある。その意味で、中国の制度は収奪的である。しかし、中国共産党と民営企業の関係は、必ずしも対立的ではなかった。民営企業は交渉や、戦略、契約によって、政権の保護や資源を引き出すことができていた。共産党はすべての企業を平等に扱うことは全く考えておらず、時折収奪的な行動を見せることもあった。

　産業構造の転換によって、国有企業の存在しない産業の分野が中国の経済成長を支える状況が生まれつつある。こうした分野で、共産党は企業とどう向き合うのか。向き合い方を模索する試みを共産党は続けている。**特に重要なのは、インターネット関連の産業である。この分野は、膨大な情報を蓄積し、現在のイノベーションの最先端を担っている。さらに、インターネットのガバナンスをめぐる海外の考え方と、共産党の態度は対立的**だからである。

　インターネットをめぐって、共産党がその創造的破壊を受け入れることができるのか、それとも管理を強めてイノベーションを拒否するのか、それが中国経済の今後を左右する可能性すらある。

（わたなべ・まりこ）

注1) 本節の考察は、(渡邉、2013a) の議論をもとにしている。

【引用・参考文献】

青木昌彦著、滝沢弘和・谷口和弘訳『比較制度分析に向けて』NTT 出版、2003 年

加藤弘之・渡邉真理子・大橋英夫『21 世紀の中国 経済編──国家資本主義の光と影』朝日新聞出版社、2013 年

ダロン・アセモグル、ジェイムズ・ロビンソン著、鬼澤忍訳『国家はなぜ衰退するのか──権力・繁栄・貧困の起源』上・下、早川書房、2013 年

中屋信彦「中国『瞰制高地』部門における公有企業支配状況調査」『調査と資料』2013(平成25)年 3 月

フランシス・フクヤマ著、会田弘継訳『政治の起源──人類以前からフランス革命まで』上・下、講談社、2013 年

ロナルド・コース、王寧著、栗原百代訳『中国共産党と資本主義』日経 BP 出版社、2013 年

渡邉真理子「中国における企業再構築──四川省国有小型企業の事例」国宗浩三編『金融と企業の再構築 アジアの事例』アジア経済研究所、2001 年

渡邉真理子編著『中国の産業はどのように発展してきたのか』勁草書房、2013 年 a

渡邉真理子「旺盛な参入」と資金制約──「国進民退」をはねかえす企業家の創意工夫」愛知大学現代中国学会編『中国 21』 Vol.38(中国の産業競争力)、東方書店、2013 年

渡邉真理子「国有企業と市場競争の質─体制移行の罠をもたらす制度と実態」加藤弘之・梶谷懐編『二重の罠を超えて進む中国経済』ミネルヴァ書房、2016

呉暁波『放蕩三十年　中国企業 1978-2008』中信出版社、浙江省、2008 年

財新網「王立軍打黒真相」2012 年 12 月 6 日

周黎安『転型中的地方政府 : 官員激励 . 与治理』上海格至出版社、上海人民出版社、上海、2008 年

童之偉『重慶打黒型社会管理方式研究報告』2012 年

Acemoglu, Daron, Jacob Moscona and James A. Robinson, "State Capacity and American Technology: Evidence from the 19th Century", mimeo, January, 2016.

Fukuyama, Francis, *Political Order and its Decay : From the In-dustrial Revolution to the Globalization of Democracy*, Farrar Straus and Giroux(T), 2014

Weingast, B. , "The Economic Role of Political Institutions : Market Preserving Federalism and Economic Developmentm" *Journal of Law, Economics and Organization* 11, pp.1-31.

第3部

ツキジデスの罠を
克服できるのか

──国際秩序への影響力

第3部で論じてゆくこと

　3つめの問いは、「**中国外交はツキジデスの罠を克服できるのか**」である。はたして「アテネの台頭と、そのことに対するスパルタの警戒が戦争を不可避とした」というツキジデスの洞察は、米中関係にも当てはまるのだろうか。新興国家中国は、既存の国際秩序を構築してきた米国に対してどのように向き合うのだろうか。

　第6章は、中国の台頭と相対的な米国の衰退が続くなかで、多くの論者は米中間の力関係の変化を中心にアジア太平洋地域の秩序を議論してきた。この米中間の戦略的競争の行き着く先を論じた。

　第7章は、中国がグローバルなレベルで海洋進出を展開しているなかで、特に南シナ海への進出に込められている戦略的意図、そしてこうして中国の対外行動が東アジアの安全保障にあたえる影響について考察した。

　第8章は、中国と台湾の関係を論じた。中国共産党が支配の正当性を保ち続けるための重要な取り組みが「屈辱の近代史の克服」と「豊かで強い」国家の建設である。台湾はこうした取り組みのなかで重要な位置にある。同時に、中国にとっての台湾は、米国との関係、そして東アジアの国際政治の焦点である。台湾の国際政治における位相を中国からの視点をつうじて時系列に分析した。

　第9章は、覇権国と台頭する国家との熾烈な競争の物語として描かれる国際政治の長い歴史をふまえて、台頭する中国と20世紀後半の秩序形成を担った米国との関係を論じる。米中関係は「ツキジデスの罠」を回避できるのか、が問いである。過去20年間の米中関係の推移を米国の対中政策の変遷をつうじて分析し、罠を回避するための方策を論じた。

第6章

アジア太平洋には米中を受け入れる空間があるのか

——協力と対立が併存するダイナミズム——

増田 雅之

＼ パワー・シフト環境下の米中関係

　米中関係のあり方やその行方に国際社会が注目している。それは、中国の台頭と相対的な米国の衰退が続くなかで、多くの論者が米中間の力関係の変化を中心に、とくにアジア太平洋地域の秩序変動を盛んに議論していることにあらわれている。パワー・シフトやパワー・トランジッションと呼ばれる国際関係の権力構造をめぐる議論がそうである。例えば、米国家情報局の2012年版『グローバル・トレンド』は、2030年の世界における米国の地位を次のように予測した。米国のパワーは2020年代の早い時期に経済規模で中国に追い越されているであろうが、米国のパワーは各側面で他の新興国に対して卓越しているため、2030年には他の大国に対して「同等者のなかの第一人者」にとどまる。しかし、「それにもかかわらず、他のパワーの台頭により『単極時代』は終わり、1945年以降続いてきた米国を中心とする世界秩序——パクス・アメリカーナ——が急速に威力を失っていくことは間違いない」と、同報告書は米国覇権の終わりを見通したのである[注1]。

　いま一つに、米中関係や両国の対外政策をめぐる動向自体が、力関係の変化を強く意識したものになっている。2000年代末の米国に端を発したグローバルな金融危機を受けて、中国は米国覇権の衰退傾向への認識を強めた。2009年夏以降、中国共産党やその指導部は「世界のパワー・バランスには新たな態

勢がみられる」と言及するようになり、これを外交上のチャンスと捉えるようになった。**中国は米国に対しても「核心的利益」の尊重を強く求めるようになり、中国国内でも米中関係の「平等化」との議論が盛んになされた。**

さらに、中国の自己主張の強化は海洋安全保障の分野、とくに南シナ海や東シナ海での強硬な行動としてあらわれた。こうした中国側の傾向に対して、米国（バラク・オバマ政権）は懸念を高めた。対中懸念を一つの背景として、2011年以降ピボットやリバランスと形容されるアジア太平洋地域を重視する戦略をオバマ政権は打ち出した。

この米中関係のダイナミズムは、地域秩序をめぐる戦略的競争と評されることが多い。アジア太平洋地域を中心に展開される米中間の戦略的競争は、どこに行き着くのであろうか。もちろん、**米中間の戦略的競争は二国間関係でのみ生起しているのではない。**それは地域秩序をめぐるものであり、東シナ海や南シナ海における状況からも明らかなように、アジア諸国を巻き込むダイナミズムでもある。したがって、米中共存の可否やあり方は米中両国だけではなく、地域諸国にも多大な影響を与えることになる。

米中「戦略的競争」とは何か

アジア太平洋における米中間の戦略的競争は中国の対外行動の強硬化への米国の反応という状況を指すだけではない。むしろ、地域秩序をめぐる構造的な競争を意味する。プリンストン大学のジョン・アイケンベリー（G. John Ikenberry）教授によれば、中国の経済的かつ軍事的な能力の台頭によって、この地域では力関係のダイナミクスが明瞭になっている。すなわち、**安全保障と経済の「二重のヒエラルキー」**があらわれている、と彼は指摘している[注2]。

1つは米国を中心とする安全保障のヒエラルキーで、米国が有する同盟国やパートナーとのネットワークの強化である。中国の対外行動、とくに海洋活動が活発化・強硬化するなかで、米国の同盟国はそれぞれの安全保障のために同盟システムを引き続き重視し、またそれ以外の地域諸国も米国との安全保障関係の強化に努めている。その一方で、地域と中国との経済関係はますます緊密なものになっており、ほぼ全ての地域諸国にとって最大の貿易相手国は中国となっている。つまり、中国を中心とする経済のヒエラルキーが成立しているというのである。米国の貿易相手国の中でも中国の位置づけは上昇してお

り、2015年には初めて中国からの輸入が最大となった。こうした傾向のなかで、中国とのより強固な経済関係の構築を求める声が米国内でも若い世代の間で強まっているという[注3]。

　「二重のヒエラルキー」の出現は、アジア太平洋地域の国際システムが構造的に変化していることを意味している。第二次世界大戦後の国際秩序は「パクス・アメリカーナ」とも呼ばれ、安全保障と経済の両面で米国が中核的な役割を果たしてきた。多くの地域諸国に対して安全を提供してきたのは米国の圧倒的な軍事プレゼンスであり、そうした国々の最大の経済パートナーも米国であった。つまり、現在との比較で言えば、より単一的なヒエラルキーによってアジア太平洋の国際システムは特徴付けられていたということである。問題となるのは、米中両国が「二重のヒエラルキー」と呼ばれる現状をどのように認識するのかとともに、他者が中心にいるとみなすヒエラルキーに対して如何なる姿勢で臨むのかということであろう。

　すでに、米中間では地域秩序をめぐる競争が生起していると言ってよい。2015年10月、環太平洋経済連携協定（TPP）交渉で参加12カ国が大筋合意したことを受けて、**米国のオバマ大統領（当時）は「中国のような国にグローバル経済のルールを書かせることはできない。我々がルールを書くべきだ」との声明を出した。**これには、中国が妥結を急いでいたとみられた東アジア地域包括的経済連携（RCEP）が成立すると米国が不公平な競争を強いられることになるとのオバマ政権の警戒感があった。その一方で中国政府はTPPとRCEPそれぞれがアジア太平洋地域における「自由貿易協定の1つ」として「相互補完」の関係にあるべきと主張しており、TPPに対して必ずしも否定的な立場をとっているわけではない。しかし、中国国内の専門家はTPPとRCEPが共に推進される状況下で、ASEAN市場をめぐる米中間の競争関係が強まっていると議論していた[注4]。

　地域安全保障をめぐっては、米中間での立場の違いはより際立っている。2014年5月に上海で開かれたアジア相互協力信頼醸成措置会議（CICA）の第4回首脳会議において、**中国の習近平・国家主席**は「共通、総合、協力、持続可能なアジア安全保障観」を提起した。その内容自体はそう目新しいものではなかったが、注目されたのは、習が次のように述べたことであった。「**アジアのことは、つまるところアジアの人々がやればよい。アジアの問題は、つまるところアジアの人々が処理すればよい。アジアの安全は、つまるところアジアの人々**

102 第3部 ツキジデスの罠を克服できるのか —— 国際秩序への影響力

が擁護すればよい。アジアの人民には、相互協力を強化することによってアジアの平和と安定を実現するだけの能力も知恵も備わっている」。さらに「中国はアジア安全保障観の積極的な提唱者であり、また確実な実践者でもある」。

つまり、アジアの安全保障における域外国の関与について否定的な立場を習近平は示したのであり、そうしたアジアの安全保障を主導していこうとする意思を明らかにしたのであった。これは、アジア太平洋地域において強化される米国の同盟戦略や安全保障関係を意識した発言と言ってよく、習近平はアジア安全保障観を提起すべき理由として、「情勢は発展し、時代は進歩している。時代の歩みについていくためには、体がすでに21世紀に入っているのに、頭が未だ冷戦思考やゼロサム・ゲームの旧い時代に留まっていることはできない」と強調した注5。

その一方で、米国はアジア太平洋地域において軍事・安全保障での強い関与を維持していくとしている。2015年5月のアジア安全保障会議（シャングリラ対話）において、アシュトン・カーター米国防長官は、軍事面でも同盟国やパートナーとの協力を深化させるとともに、米軍の態勢を多様化させ、カギとなる能力やプラットフォームに新たに投資することによって、アジア太平洋へのリバランスを次の段階に引き上げていくとした。具体的には、海空域での無人システム、長距離爆撃機、電磁レールガン、宇宙・サイバー空間用の新システムへの投資を継続して行うとともに、バージニア級潜水艦、P-8哨戒機、ステルス駆逐艦ズムウォルト、E-2D早期警戒管制機等の最新装備をアジア太平洋地域に継続提供すると同長官は表明した。

また、カーター長官はアジアの安全保障秩序は勢力圏や威嚇に基づくものであるべきではく、「同盟、国際法や国際規範、そして紛争の平和的解決を基礎とすべき」と述べ、中国の動向に釘をさした。南シナ海問題についても言及しつつ「中国はアジア太平洋の規範でもある国際規範や、外交的に紛争を解決し強制に反対するという地域のコンセンサスを乱している」と中国を批判した。こうした認識をもとに、基本的には米国を中核とする安全保障ヒエラルキーの維持が志向される。「米国はつねに同盟国やパートナーとともにある。今後数十年にわたって米国はこの地域に関与し続け、国際法と普遍的な価値を支持し続け、アジア太平洋の安全と安定を提供していく」とカーター長官は宣言したのである。

米国の強い関与の維持と国際法に基づく紛争の平和的解決を促す方針は、2016年6月のシャングリラ対話でも確認され、カーター長官はこれを「原則に立脚し

た安全保障ネットワーク」（Principled Security Network）と表現した。すなわち、米国は同盟国やパートナーとの協力や関係諸国の能力強化を基礎としてアジア太平洋地域への強い関与を将来においても継続しようとしたのである。

　しかし、米国が中心となる安全保障のヒエラルキーを中国は所与のものとはせず、先述の通り米国の関与を必ずしも前提としない自らが主導する「アジア」の安全保障協力を志向している。経済、安全保障の両面における地域秩序に関する米中の主張やそれに基づく対外政策をみれば、米中間の「戦略的競争」は対立の色を濃くしつつあるようにみえる。

▌米中対立は管理できるのか──焦点としての両軍関係

　その一方で、米中対立の可能性への認識が両国の指導者にあるからこそ、米中がそれをコントロールして両国関係を安定させる取り組みを実行に移してきたことも事実である。

　中国側についていえば、**習近平による米中間の「新型大国関係」論の強調**であった[注6]。米中「新型大国関係」論はもともと、胡錦濤政権下で提起されたものである。2009年7月にワシントンで開かれた第1回戦略・経済対話（S&ED）において、戴秉国・国務委員がすでに「新型大国関係」を構築していくべきことを指摘していたし、外交当局間の対話や協議で、中国側は繰り返し新型大国関係について言及していた。中国が米国に対して当初言及した新型大国関係の枕詞は「相互尊重、和諧共処、合作共贏」（相互に尊重し、調和的に共存し、協力的でウィン・ウィン）とされた。この枕詞が意味することは、米中両国は、①政治的には対等で相互の立場を尊重し、②社会制度の相違にかかわらず共存し、③経済的には互恵関係にあるということであった。当時の中国の指導者発言や政策展開から判断すれば、2012年頃までの米中「新型大国関係」論は、「相互尊重」がその中核的な理念であり、具体的には中国の核心的利益の尊重を米国側に求める政策の一環であった。

　習近平政権に入ると、この米中「新型大国関係」論の理念に変化があらわれた。2013年6月にサニーランズ荘園で開かれた米中首脳会談は、中国側では「中米新型大国関係を積極的に探索し構築する」ためのものと事前から位置付けられていた。首脳会談等において習近平は「経済のグローバル化が迅速に発展し、各国が助け合って困難を乗り切るという客観的なニーズに対して、中米両国は

104 第3部 ツキジデスの罠を克服できるのか —— 国際秩序への影響力

歴史的に大国が衝突し対抗してきたこととは異なる新たな道を歩まなければならない」として新型大国関係論に言及した。楊潔篪・国務委員によれば、**習近平主席は新型大国関係に関して、3つの内容をオバマ大統領に対して説明した**という。「**不衝突、不対抗**」（衝突せず、対抗しない）、「**相互尊重**」、「**合作共贏**」の3点である。後二者は胡錦濤政権においても強調されていた理念であったが、新型大国関係の第一の内容として習近平は「不衝突、不対抗」とのフレーズを使用し、これ以降、米国との新型大国関係の枕詞は「不衝突・不対抗、相互尊重、合作共贏」にほぼ統一された。

ここからいえるのは、オバマ政権が提示していたアジア太平洋リバランス戦略、とくにその軍事的側面に中国が警戒感を強めたということだろう。2012年1月に『米国の世界的リーダシップの堅持』と題する新たな国防戦略指針をオバマ大統領自らが発表し、軍事面でもアジア太平洋に「必然的にリバランスする」と宣言された。中国国内では、オバマ政権のリバランス戦略についての批判論が盛んになった。例えば、中国外交部（外務省）の崔天凱副部長（2013年から駐米大使）は、2012年夏に発表した論考の中で「米国はアジア太平洋『リバランス』の過程で、大いに同盟システムを強化し、ミサイル防衛システムを推進し、『エアシーバトル』を推進して、中国と周辺諸国の対立を煽っているが、背後の真意は何か、これによって中国とこの地域に如何なるシグナルを送ろうとしているのか」と指摘し、米国の戦略的な意図への不信感を示した[注7]。

同時に彼は、米中関係の「アジア太平洋における良性循環を真に実現する」ことが不可欠とも強調した。つまり、米国の戦略的な意図に警戒感を抱きながらも、如何に米中関係を安定させ、対立に導かないようにするのかを崔副部長は議論したのである。**パワー・トランジッション論（覇権国とそれを追走する国の間で力の接近や交代が起こること）に直接的・間接的に指摘しつつ、対抗や衝突という伝統的な大国関係のパターンに米中関係が陥らないようにすべきことを中国の指導者が言及**するようになったのも2012年半ばであった。

中国が強調する「新型大国関係」論に米国は全面的に同意したわけではなかった。2014年7月に北京で開かれた第6回S&EDにおいて、「習近平国家主席はたった今、大国関係や新たなモデルについて何度も言及された。私があなた方に申し上げたいことは、新たなモデルは言葉ではなく、行動によって定義されるものだということである」と米国のジョン・ケリー国務長官は指摘し、理念重視の中国の「新型大国関係」論に釘をさし、新たなモデルを実現するため

の中国の具体的な行動を求めた。

　もちろん、現在そして将来の国際関係において、米中関係が「もっとも重要な二国間関係」であり、対抗や衝突を回避すべきことに米国側も異論はない。米中間の戦略的競争にもかかわらず、あるいはそうした構造的な競争関係への認識があるからこそ、**近年における米中間の交流や協力は中断することはほとんどない**。これは、これまでの米中関係のパターンとは異なる特徴と言ってよい。従来の米中関係では、ひとたび摩擦が生起すると、ハイレベルの相互訪問や会談、各分野での協力が延期や中断されるなどの影響を受けてきた。とくに中国側はそうした手段を講じることによって、不満のメッセージを米国側に送る傾向があった。

　近年では、むしろ米中関係の制度化が進んだ。オバマ政権期には首脳の相互訪問や国際会議を利用した首脳会談だけではなく、S&ED（2009年～）や人文交流ハイレベル協議（2010年～）をはじめとする対話や協議が定例化された。新華社によれば、**米中間の対話や協議、協力に関する二国間メカニズムは2016年末までに100を超えた。こうした状況は、中国では「分歧管控（食い違いの管理とコントロール）」の取り組みとして理解される**。中国の指導者は米国との会談や協議等で繰り返し「分歧管控」の必要性を強調してきた。これは事後的な危機管理とは異なり、危機の発生そのものの予防と管理を目的とする長期的取り組みのことであり、①恒常的なメカニズムの構築、②政策協調、③行為規則の制定によって実現されるものとされる[注8]。

　「分歧管控」の焦点の1つが両軍関係であり、信頼醸成措置（CBM）に関する米中の国防当局間の合意形成に中国は積極的に動いた。2013年6月の米中首脳会談において、オバマ大統領と習近平国家主席は、米中間で軍事面でのCBMを講じる必要性についてすでに議論していた。その際、習近平主席は両軍関係の歩みが政治・経済分野に比べて遅れているとの認識を示したうで、軍事分野において2つのメカニズム、すなわち主要な軍事活動に関する相互通報制度の構築と海空域における軍事活動の安全基準を共有すべきことを提案した。2014年10月に相互通報制度、11月に海上における近接時の部隊行動のルール、2015年9月には上空における近接時の部隊行動のルールについて合意が成立した。加えて、この過程で両軍の戦略計画・政策部門（J5）間の人的交流メカニズムの設置や人道支援・災害救援（HA/DR）における初めての合同訓練等も実現した。

CBMへの中国の積極姿勢は注目に値する。なぜなら、中国（とくに人民解放軍）は米国との間でCBMを具体的に講じることにもともと積極的でなかったからである。軍事力で格差が大きい米軍との間でCBMを講じれば、軍事力の強化と行動範囲の拡大を追及する人民解放軍、とくに海軍発展の阻害要因になると中国では考えられていた。また、両国間や両軍間の相互信頼が欠如し、国際法のコンセンサスが得られない状況では、部隊行動のルールや手順について合意が成立したとしても、その効果は限定的と中国海軍の文書でも指摘されていた。こうした背景にもかかわらず、人民解放軍が米国とのCBMに前向き姿勢に転じたことは、軍事面での衝突や対立の可能性への認識が中国側指導部内で強化されたということである。

アジア太平洋地域の「現状維持」は可能なのか

「太平洋には中米という2つの大国を受け入れる十分な空間がある」。これは、2013年6月の米中首脳会談の冒頭で習近平国家主席がオバマ大統領に語った言葉である。米中共存を可能にすべく、関係の制度化を図るなどして「分歧管控」に米中両国は努めてきた。しかし、それは二国間関係の中でのみ実現されるものではない。米中関係の主な懸念とされるのは、安全保障分野では海洋（空域を含む）やサイバー空間というドメインである。これらいずれも二国間関係とともに、国際安全保障における懸念でもある。

また、オバマ政権がTPPの成立を急いだのは、RCEPの成立やアジアインフラ投資銀行（AIIB）の設立に向けて主導権を発揮する中国の地域戦略に、アジア太平洋の地域秩序の現状を変更しようとする習近平政権の意図を見出したからにほかならない。したがって、アジア太平洋地域において米中両国が共存できるのか否かという問題は、地域諸国を巻き込むダイナミズムからも解き明かされなければならない。

この文脈で焦点の1つとなるのが、南シナ海や東シナ海における中国の動向であり、それをめぐる地域のダイナミズムである。とくに、**南シナ海では中国による大規模な埋め立てや人工島の建設が進み、現状が急速に変更されている**。もちろん、「現状変更」の動きをみせてきたのは、中国だけではない。2009年以降、ベトナムが2014年末までに埋め立てた海域は60エーカーに達し、少なくとも4つの構造物が新たに構築された。他の係争国も規模はそう大きくはないもの

の、埋め立て等の動きをみせていた[注9]。

しかし、規模とスピードにおいて、中国の動きは突出している。米国防総省によれば、南シナ海のスプラトリー諸島（中国名：南沙諸島）で中国が埋め立てを開始したのは2013年12月であった。2015年後半までの2年弱の間に中国が埋め立てた海域は3,200エーカー（約13平方キロメートル）に達し、それは他の係争国の同時期の合計50エーカーの実に64倍の規模であった。加えて、3つの人工島では軍用機も離発着可能な3,000メートル級の滑走路が整備され、2015年10月にはインフラ整備の段階に入った。さらに2016年1月、中国はパラセル諸島（西沙諸島）のウッディ島（永興島）に長距離地対空ミサイルと対艦ミサイルを配備し、4月には造成した人工島・ファイアリー・クロス礁（永暑島）の飛行場に初めて軍用機（Y-8輸送機）を着陸させた。

中国による南シナ海での現状変更の動きは、重大な戦略的インプリケーションを有する。人工島の造成やインフラ整備によって、軍事力にせよあるいは海上法執行機関にせよ、南シナ海における中国の日常的なプレゼンスの増大につながり得る。**その一方で、南シナ海沿岸国の軍事的な能力は低いレベルに置かれており、それぞれが単独で中国の軍事的な圧力に抗することはますます困難**になっている。それゆえ、南シナ海において中国との間で係争を抱える国々は米国との軍事・安全保障の強化に動いた。

フィリピンは、ベニグノ・アキノ大統領の下で米比同盟に基づく南シナ海における米軍のプレゼンス強化に舵を切った。2011年6月に訪米したアルバート・デル・ロサリオ外相は、米国において「海洋安全保障はわれわれの問題であるが、あなた方の問題でもある。米国がわれわれのために戦うことを期待しているのではないが、フィリピン軍が新たなチャレンジに対応するための能力と資源の構築への米国の強固で揺るぎない支援をわれわれは頼りにしている」と述べた。2012年にはスービック海軍基地を米軍に対して改めて開放することが明らかにされ、2014年には米比防衛協力強化協定（EDCA）が調印され、ローテーションベースで米軍をフィリピンに駐留させることとなった。

ベトナムも米国との安全保障関係の強化に動いた。2010年から米艦艇の寄港を受け入れたほか、米軍等の寄港や補給を可能にするため、スプラトリー諸島に面したカムラン湾の軍事施設の拡充を進めている。米越外交関係樹立20周年であった2015年には、ベトナム共産党書記長として初めてグエン・フー・チョン書記長が訪米した。オバマ米大統領とチョン書記長との首脳会談で、両

首脳は南シナ海における航行の自由を守ることは地域諸国の責務であり、領有権問題を国際法に基づいて平和的に解決し、武力の行使や一方的な現状変更を容認しないことで一致した。2016年5月にはオバマ大統領がベトナムを訪問し、その際にはベトナムへの武器輸出の全面解禁を発表した。

米国は地域諸国の期待に応える形で、地域における軍事・安全保障関係の強化に動いた。カーター国防長官が強調した「原則に立脚した安全保障ネットワーク」は、この地域における同盟国やパートナーとの協力を通じた米軍の強いプレゼンスの継続と、それよってアジアの海域において「現状維持」を担保すること目的とする。事実、**2014年以降、米軍は南シナ海における海軍艦艇の活動日数を大きく増加**させた。また、中国の海洋における過剰な権利主張を牽制し、「国際法の下ですべての国に保証されている海域及び空域の権利、自由並びに法的利用を保護する」目的で[注10]、2015年10月にスプラトリー諸島スビ礁（渚碧礁）、2016年1月にパラセル諸島トリトン島（中建島）それぞれの**12海里内を米海軍艦艇が航行する「航行の自由」作戦を米国は実施**した。

しかし、こうした米国の取り組みを以てしても、中国による現状変更の動きに歯止めをかけることはできなかった。すでに指摘した通り、中国は南シナ海における埋め立てを継続しただけではなく、状況を軍事化させてきた。ところが、**中国自身に自らが状況を軍事化させた認識はほとんどない**。

2016年6月のシャングリラ対話において中国の孫建国・中央軍事委員会統合参謀部副参謀長は、南シナ海問題を含む地域の安全保障協力の発展に中国が力を尽くしてきたことを強調した。南シナ海問題については、米国への批判を強めた。米国の「航行の自由」作戦は中国への武力による威嚇であり、同盟国が中国と対抗することを支持するもの、と孫副参謀長は強く批判した。つまり、**米国がその軍事オペレーションによって南シナ海問題を軍事化させたとの認識**が示されたのである。

また、講演の終盤で孫副参謀長は「中国の南シナ海政策は現在、そして将来も変化はなく」、「平和的な協議によって紛争の解決を図る」と述べた。しかし、中国の南シナ海政策には、平和的な協議だけではなく、主権を主張する島嶼や人工島への「実効支配」を積み上げていくことも当然含まれる。范長龍・中央軍事委員会副主席は「中国は自国の島礁で建設しているのであって、それは完全に主権の範囲内のことであり、非難されるものではない」と、2015年5月に訪中した米国のケリー国務長官に対して述べていたのである。

対立と協力はバランスするのか

　中国が情勢の安定化を求めていないわけではない。2014年以降、**中国の指導者は南シナ海問題について「双軌」（ダブルトラック）思考であたることを主張**するようになった。「双軌」の第1は、係争の直接の当事者による友好的な協議によって、問題の平和的な解決を求めることである。第2は、南シナ海の平和と安定を中国とASEANが共同で維持していくことである。前者は**領有権問題について二国間協議を優先する中国の従来からの姿勢を踏襲**したものであり、後者は**南シナ海全体の情勢安定化や協力のあり方については、係争国以外のASEAN諸国とも議論**するというものである。

　「双軌」思考は中国では南シナ海問題に関する中国の「新思考」と喧伝される。また、海事部門間での捜索救難のホットラインや海上での緊急事態発生時の外交当局間のホットラインを設置することで合意が成立したことが「双軌」思考の具体化として、中国では理解される。なお、「双軌」思考はもともとブルネイ、そしてASEAN側が提起し、中国がこれを受け入れたものである[注11]。したがって、中国側の理解では「双軌」思考で南シナ海問題の解決を目指すという考え方は、中国とASEANとの間の外交上のコンセンサスであり、両者間の全般的な関係は安定しているということになる。

　米国やASEANが中国に対して求めてきた南シナ海での**行動規範（COC：Code of Conduct）の策定**の可能性についても、中国の指導者は前向きな発言をした。2014年11の第11回東アジア首脳会議と第17回中国・ASEAN（10+1）首脳会議において、李克強首相は「協議による一致を基礎に南シナ海COCを早期に達成したい」と述べた。しかし、中国の行動を制約するCOCに中国が合意するようには思われない。**COC協議が、すべての関係諸国が2002年の南シナ海行動宣言（DOC：Declaration on the Conduct）を完全に遵守することを前提とすると、中国は強調**してきた。

　2017年2月、インドネシア・バリ島において、中国とASEANとの間でDOCの実行に関する実務者協議が開かれた。そこでは、COCについても議論が行われた。王毅外交部長は協議では「非常に明らかな進展」があったと言い、COCの枠組みについての草案が示されたという。しかし、当面目指されるのはCOCの「枠組み合意」であり、中国国内の専門家は危機発生時にエスカレーションをコントロールすることが、将来的なCOCの機能だと論じている[注12]。つまり、

中国側の理解ではCOCは平時の行動を制約するものではないということである。

2013年1月に、フィリピン政府が南シナ海における中国との紛争について国連海洋法条約（UNCLOS）付属書Ⅶに規定された仲裁手続きに付すことを発表した。これは、中国からみればDOC違反であった。王毅外交部長（外相）は、このフィリピンの行為を「DOC第4項目の規定に違反し、直接関係する主権国家による友好的協議と交渉を放棄した」ものと批判した。第4項目には「直接関係する主権国家による友好的協議と交渉」との文言があり、フィリピン政府がこれを無視して国際的な仲裁手続きに付したと、中国は理解したのである。

それにもかかわらず、中国が「双軌」思考と情勢の「全般的な安定」を強調するのは、南シナ海問題（とくに領有権問題）のさらなる国際化に歯止めをかけたいからである。**南シナ海情勢が米国や日本等の域外国が介入するような環境にないことを、中国は様々な国際舞台でアピール**した。例えば、2016年4月に北京で開かれたCICA第5回外相会合の開幕式において、習近平国家主席は南シナ海問題における「双軌」思考の意義を強調した。同月、王毅外交部長はロシアと東南アジア3カ国（ブルネイ、カンボジア、ラオス）を訪問した後、CICA第5回外相会合に臨んだが、いずれの場でも「双軌」思考に言及した。中国メディアは、その結果13カ国が中国の立場への支持を明確にしたと報じた。6月末時点では、南シナ海問題における中国の立場への支持を明確に表明した国は60カ国近くに達したという。中国共産党による対外交流でも中国の立場への国際的な支持獲得が図られ、同じく6月末時点で、130近くの外国政党や政治組織が中国の立場への支持を表明したとされる。

南シナ海問題のさらなる国際化を回避すべく、中国はASEAN諸国との経済関係の強化に動いた。2015年3月に中国政府が公表した**「一帯一路」構想では、「21世紀海上シルクロード」（一路）として、中国沿岸部から南シナ海、インド洋を経て欧州につながるルートと沿岸部から南シナ海を経て南太平洋につながるルートの経済発展を促す**ことを明らかにした[注13]。いずれの「一路」（海上シルクロード）でも南シナ海や東南アジアが重要な位置を占め、二国間関係だけではなく、10+1や**大メコン圏**（GMS：Greater Mekong Sub-region）といった既存の多国間枠組みを積極的に活用するとした。

2016年3月には、海南島で開かれたボアオ・アジアフォーラムの開催期間中に、中国はメコン川流域5カ国（タイ、カンボジア、ラオス、ミャンマー、ベトナム）との間で初めての首脳会議を開いた。首脳会議後、政治・安全保障、

経済と持続的発展、社会・人文という3分野26項目での協力を示した共同宣言が発表され、サブリージョンにおける協力を具体化させることによって、中国・ASEAN関係を発展させるという方向性が確認された。

このメコン川及び瀾滄江（メコン川上流域の呼称）協力における中国の支援規模は大きい。首脳会議において李克強首相は、流域開発のために100億ドル規模の融資を行うことを表明したほか、AIIBやシルクロード基金等を通じてメコン川流域のインフラ建設を支援すると述べた。また貧困削減のために、2015年に中国が設置した南南協力援助基金をメコン川流域国へ優先的に利用するほか、新たにメコン協力専門の基金を立ち上げ中小規模のプロジェクトに今後5年で3億ドルを提供することも李首相は表明した。

こうしたサブリージョン（sub-region）協力に、中国は重層的な外交上の効果を期待していると言ってよい。1つに、機能的な協力を実施して当該地域の経済発展をより具体的に促すことによって、中国・ASEAN関係全体の発展につなげることである[注14]。いま1つは、それによって、南シナ海問題を中国・ASEAN関係の中で相対化することである。もちろん、メコン川及び瀾滄江協力等の個別のサブリージョン協力と南シナ海問題に直接の関連があるわけではない。しかし、サブリージョン協力や機能的協力を進めることで地域における政治・安全保障面での信頼関係や協力の強化につながり、南シナ海問題についてもそれを相対化する効果があると主張する中国国内の論者は少なくない[注15]。

中国は地域諸国との経済関係の強化が有する外交的な効果に期待しているのであろう。しかし、南シナ海での中国の動きが象徴的に示すことは、中国が軍事・安全保障面での「現状変更」の試みをそう簡単には放棄しないということである。換言すれば、とくにASEANとの関係で経済協力が有する安全保障面でのシナジー効果を長期的には期待する一方で、中国は目下のところ米国等の域外国に対しては「経済と安全保障の分離」という政策方針を採っているということである。

中国の政策方針に対して米国はどのように対応していくのであろうか。もともと、リバランスと形容される米国のアジア重視戦略について、オバマ政権はその軍事的側面を過度に強調することを回避していた。例えば、2013年6月のシャングリラ対話において、当時のチャック・ヘーゲル国防長官は、リバランスを「第一義的には外交的、経済的、文化的な戦略」と明言し、中国との対立に焦点が当てられ易い軍事的側面を前面に出さなかった。それは何よりも米

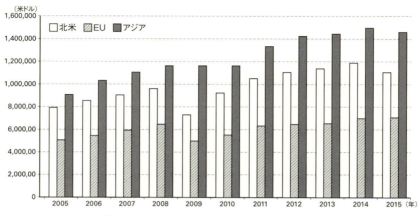

〔出所〕U.S. Census Bureau, "U.S. Trade in Goods by Country," (https://www.census.gov/foreign-trade/balance/index.htm) から筆者作成。

国とアジア地域との経済的なつながりが極めて強いことが背景にあると言ってよい。**米国の貿易総額（物品）の34％をアジアとのそれが占め、欧州連合（EU）や北米地域を大きく上回っている**（図6-1）。なお、**中国との貿易額（物品及びサービス）は米国の貿易総額の13％を占める**に至っている。

また、地域及びグローバルなイシューに有効に対応するために、米国は中国との協力を模索してきたことも事実である。オバマ政権の国家安全保障会議アジア上級部長であったダニエル・クリテンブリンクは北朝鮮の核問題に言及しつつ、米中間での「ハイテンポな首脳間の関与」によって、「利益が重なり合うところでの協力の機会の所在を明らかにすることに寄与してきた」と、オバマ政権の対中政策を説明したのである[注16]。加えて、すでに指摘したように、二国間関係では潜在的な対立を管理するアプローチをオバマ政権はとってきた。

しかし、中国による「経済と安全保障の分離」という政策に直面して、米国内ではリバランス戦略への批判的な見解が提示されるようになった。2016年3月末に米下院軍事委員会は、米中経済安全保障再検討委員会の年次報告書の公聴会を開いた。このなかで、ヘリテージ財団のジェームズ・タレント元上院議員（共和党）は「リバランス政策が東シナ海や南シナ海における中国の強制を抑えるという文脈で未だ有効なものとはなっていない」と述べ、政策の再検討を求めた。オバマ政権も、南シナ海での中国による軍事・安全保障面での「現状変更」の試みの継続を受けて、領有権問題の平和的解決や国際法に基づく問

題解決への支持に加えて、「非軍事化」を求めていくことが米国の原則であることを強調するようになった。さらに、既述の通り、米国の国防当局はリバランスの軍事的側面を明確に言及するとともに、その具体化に取り組むようになったのである。

しかし、こうした状況を以て、オバマ政権の対中アプローチが変化したと断じるべきではないだろう。南シナ海問題で対立が表面化した2016年6月のシャングリラ対話の直後に北京で開かれた第8回S&EDにおいても、南シナ海をめぐる両国の議論は平行線をたどったが、経済分野やグローバルな課題での協力を進めるというオバマ政権の考え方は維持された[注17]。ダニエル・ラッセル国務次官補（東アジア・太平洋担当）は、第8回S&EDの事前記者会見で、摩擦と協力が併存する米中関係の困難さに触れながらも、摩擦と協力の双方を処理してきたとして、オバマ政権の対中政策の継続性に言及した。このS&EDの戦略トラックでは120項目、経済トラックでは60項目に及ぶ合意に米中両国は達した。換言すれば、南シナ海問題の顕在化を受けて、オバマ政権はリバランスの軍事的側面を明確化し具体化する一方で、対立や競争に釣り合うように協力政策も強化したのである。オバマ政権の中国に対する対立管理アプローチに根本的な変化はみられなかったとも評価できる。

米中関係において協力と対立がともに強化される状況は長期化することになろう。**協力の拡大によって、対立のエスカレーションは一定程度管理されるであろうが、地域秩序や軍事・安全保障における対立自体はそう簡単に解消しそうにない。**その結果、アジア太平洋における米中関係は安定した**「共存」ではなく、不安定さを多分に内包する「競存」（競争的な並存）に向かう**ことになりそうである。

（ますだ・まさゆき）

注1) The National Intelligence Council, *Global Trends 2030: Alternative Worlds* (December 2012), p. 98. 同レポートの邦訳は、米国国家情報会議編、谷町真珠訳『2030年 世界はこう変わる──アメリカ情報機関が分析した「17年後の未来」』(講談社、2013年)。

注2) G. John Ikenberry, "Between the Eagle and the Dragon: America, China, and Middle State Strategies in East Asia," *Political Science Quarterly*, Vol. 131, No. 1 (2016), pp. 9-43.

注3) "Americans, Especially Young Adults, Back Strong Economic Ties with China," Pew Research Center, July 9, 2014.

注4) 例えば、王義桅『「一帯一路」──機遇与挑戦』(北京：人民出版社、2015年) p.64。

注5) 習近平「積極樹立亜洲安全観 共創安全合作新局面」『人民日報』2014年5月22日。

注6) 増田雅之「パワー・トランジッション論と中国の対米政策──『新型大国関係』論の重点移行」『神奈川大学アジア・レビュー』第2号 (2015年3月) pp.70-80。

注7) 崔天凱、龐含兆「新時期中国外交全局中的中美関係──兼論中美共建新型大国関係」王緝思主編『中国国際戦略評論2012』(北京：世界知識出版社、2012年) pp.1-8。

注8) 劉飛濤ほか『中美分岐管控的理論与実践──以政治、経済、安全為視角 (CIIS研究報告 第11期)』(北京：中国国際問題研究院、2015年)。

注9) U.S. Department of Defense(DoD), *Asia-Pacific Maritime Security Strategy*(Washington D.C.: U.S. DoD, 2015).

注10) U.S. DoD, "Freedom of Navigation (FON) Report for Fiscal Year (FY) 2015," April 19, 2016.

注11)「王毅：『双軌思路』是解決南海問題最為現実的辦法」2016年4月21日(中国外交部ホームページ、http://www.fmprc.gov.cn/web/zyxw/t1357479.shtml)；「協商談判是解決南海問題的現実有効途径」『千島日報』(インドネシア中文紙) 2016年6月27日。

注12) 例えば、「制定『南海行為準則』能否約束域外勢力干渉?」『新聞晨報』2017年2月23日。

注13)「推動共建絲綢之路経済帯和二十一世紀海上絲綢之路願景与行動」(2015年3月)中共中央文献研究室編『十八大以来重要文献選編 (中)』(北京：中央文献出版社、2016年) pp.442-455。

注14) 例えば、2014年12月にバンコクで開かれた第5回GMS首脳会議における李克強首相の講話を参照されたい。李克強「携手開創睦隣友好包容発展新局面」『人民日報』2014年12月21日。

注15) 例えば、次の論考等を参照のこと。中国現代国際関係研究院『「一帯一路」読本』(北京：時事出版社、2015年) pp.124-125；姜浩峰「瀾湄合作同飲一江水的命運共同体」『新民週刊』2016年第13期, p.19；劉昌明、孫雲飛『「一帯一路」的国際反響与中国的應対之策」陳岳ほか主編『21世紀中国特色大国外交──角色定位与外交理論和実践創新』(北京：世界知識出版社、2016年) p.354。

注16) The White House. "Press Call Previewing the Nuclear Security Summit," White House Press Release and Documents, March 30, 2016.

注17) 第8回S&EDの評価については、次の評論も参考のこと。陳一新「美『中』第八回戦略暨経済對話之評析」『展望與探索』第14巻第7期 (2016年7月) pp.8-15。

第7章

中国はなぜ南シナ海へ進出するのか

──力に依拠した秩序変更の試み──

飯田 将史

どのような手段を用いているのか

　中国による海洋への進出がグローバルなレベルで活発化している。中国海軍は2009年12月より、ソマリア沖・アデン湾で展開されている国際的な海賊対処活動に艦船を派遣して参加しており、その活動の拠点整備を名目としてジブチに初の海外基地を建設しつつある。2015年5月には、海賊対処活動に参加していた中国海軍の艦船が地中海へ進出し、ロシア海軍との間で合同演習を行った。同時に、中国海軍は太平洋方面への進出も強化している。2014年7月には、米海軍がハワイ沖で主催した環太平洋合同演習（リムパック）に中国海軍の艦艇4隻が初めて参加した。2015年9月から16年1月にかけて中国海軍の病院船「岱山島」が、マレーシアからオーストラリア、仏領ポリネシア、米国、メキシコ、バルバトス、グレナダ、ペルーを歴訪する医療支援活動を行った。

　他方で**中国は、自国の近海である東シナ海と南シナ海においても、海軍のみならず海上法執行機関を含めた活動を増大**させている。そうした活動の中には、他国に対して威圧的・挑発的なものも多く見られており、日本をはじめとした地域諸国の懸念を呼び起こしている。東シナ海では、日本の領土である尖閣諸島の領海に、中国の政府公船が侵入を繰り返し、日本の領有権・管轄権に対する挑戦を続けている。中国の軍用機による飛行も活発化しており、中国機に対する航空自衛隊によるスクランブルの回数は、平成23（2011）年度の156回か

ら、28年度には851回へと急増している。

　南シナ海への中国の進出は、力に任せた強引な手法が目立っており、地域諸国だけでなく国際社会の懸念と注目を集めている。とりわけ**外国船舶の航行に対する妨害行動や、スプラトリー（南沙）諸島における大規模な埋め立てとその軍事基地化は、地域諸国および米国からの強い批判**を招いている。しかしながら、中国はこうした各国との摩擦を顧みず、南シナ海への強引な進出を堅持している。中国はなぜ海洋への進出を図るのか、またどのような手段を用いているのか。本章では以上の問いに、南シナ海に焦点を当てて答えるとともに、それが今後の東アジアの安全保障に与えうる影響について考察する。

武力による支配拡大の歴史

　中国による南シナ海での支配の拡大は、武力の行使を伴って1970年代から始まっていた。当時、南シナ海の北方に位置するパラセル（西沙）諸島は、東部を中国が、西部を南ベトナムが支配していた。1973年1月に、ベトナム戦争についてパリ和平協定が締結され、同年3月に南ベトナム政府を支援してきた米軍が撤退した。米軍のプレゼンスの大幅な後退と、南ベトナム政府の孤立化・弱体化が進展した1974年1月に、中国軍は南ベトナム軍の守備隊を攻撃し、パラセル諸島全域を支配下に置いた。

　中国によるスプラトリー諸島への支配拡大は、1980年代後半に始まった。1988年2月、中国海軍はベトナムが支配していたスプラトリー諸島のファイアリー・クロス礁（永暑礁）に海洋観測所を建設した。これに対抗するため、ベトナム海軍はジョンソン南礁（赤瓜礁）など5つの島嶼に部隊を派遣し、中国軍と対峙した。3月14日に双方の間で戦闘が勃発したが、装備面で優位にあった中国軍が2隻のベトナム艦船を撃沈するなどベトナム軍に対して圧勝し、6つの島嶼全てを支配下に置いた。この戦闘で、ベトナム側に100人を超す死傷者が出たとも言われている。

　1990年代に入ると、中国は武力による威嚇を背景に、フィリピンから島嶼の支配を奪った。米国の同盟国であるフィリピンは、東南アジアにおける米軍の重要な拠点であったが、冷戦終結による緊張緩和や国民の根強い反米感情などを背景に、フィリピン上院が基地協定の延長を拒否した。これを受けて、米軍はクラーク空軍基地やスービック海軍基地を閉鎖し、1992年にフィリピン

第7章 中国はなぜ南シナ海へ進出するのか 117

から完全に撤退した。すると中国は1995年2月に、フィリピンが領有権を主張していたミスチーフ礁（美済礁）に構造物を建設した。フィリピン側はこれに強く抗議したが、中国による海軍艦艇の派遣といった軍事的圧力に屈して、中国によるミスチーフ礁の支配を防ぐことができなかった。

このように、中国は武力を実際に行使したり、武力による威嚇を通じて、南シナ海における支配を着実に拡大してきた。1990年代後半からは、東アジアの地域協力を重視する対外戦略に沿う形で、南シナ海における中国の姿勢は軟化し、2002年には中国とASEAN諸国との間で南シナ海行動宣言（DOC）が合意された。ところが2008年ごろから、中国の南シナ海における行動は再び強硬となり、今日に至っているのである。

領土・主権と海洋権益の確保

中国が南シナ海への進出を強化し、行動を強硬化させている目的の1つは、この海域における領土・主権問題で有利な立場を確立するとともに、**海洋資源を中心とした海洋権益を確保**することにあるだろう。2013年7月に開催された、中国共産党中央政治局の第8回集団学習会議では、「海洋強国の建設」をテーマに議論が行われた。この会議で演説した習近平総書記は、「国家の海洋権益を守るためには、海洋における権益擁護を総合的に検討する方式へ転換しなければならない。われわれは平和を愛し、平和発展の道を堅持するが、決して正当な権益を放棄することはできず、国家の核心的利益を犠牲にすることはなおさらできない」と発言した。そして、「国家の主権、安全保障、発展の利益維持の統一を堅持し」、「各種の複雑な局面に対する準備をしっかり行い、海洋における権益擁護能力を高め、わが国の海洋権益を断固として守らなければならない」と指示したのである。

中国は**南シナ海の大部分を覆う形で9つの破線からなる「九段線」を設定**し、その内部における全ての島嶼の主権や海洋の管轄権を主張している。中国の主張は、一部の東南アジア諸国の主張と重複しており、現在中国はパラセル諸島とスプラトリー諸島の全ての領有権をめぐってベトナムと対立し、スプラトリー諸島の一部の領有権をめぐってフィリピン、マレーシア、ブルネイとも対立している。また、インドネシアとの間で排他的経済水域（EEZ）の境界が未画定でもある。中国から見れば、パラセル諸島はすでに支配下に置いたもの

の、現状ではスプラトリー諸島の多くは他国の支配下に置かれており、中国の領土・主権という「核心的利益」が損なわれていることになる。中国政府にとっては、この「失われた領土」の回復が重要な課題となっている。

また、南シナ海における漁業資源や、石油や天然ガスといった海底資源の確保も重視されている。南シナ海は各国の漁民にとって重要な漁場となっているが、EEZの境界が未確定なこともあり、各国の海上法執行機関による取締りなどをめぐって争いが絶えない。「九段線」の内側全域にわたって管轄権を主張する中国にとっては、南シナ海で操業する中国の漁船に対する他国の取締りを防止し、かつ他国の漁船に対する取締りを強化することが必要だと認識されている。

さらに、南シナ海に豊富に存在していると見られる石油や天然ガスの開発を進めることも、中国にとって確保されるべき重要な海洋権益であると捉えられている。中国は広東省の沖合いや、海南島・パラセル諸島周辺の海域で石油・ガス田の開発を進めているが、スプラトリー諸島周辺海域における開発には着手できていない。他方で、この海域ではフィリピンやマレーシア、ブルネイがすでに石油・ガス田の開発を進めており、商業生産に至っているものもある。中国の立場からすれば、自国の天然資源が他国に簒奪（さんだつ）されていることになるため、スプラトリー諸島周辺における石油・ガス田の開発に着手し、「正当な権益」を確保することが焦眉（しょうび）の急となっているのである。

ところが、**南シナ海における中国の「九段線」の主張は、現行の国際法上に照らして根拠が薄弱**である。中国政府は2009年5月に、国連事務総長あてに「九段線」を記した地図とともに文書を提出し、「中国は南シナ海の島嶼およびその付近の海域に対して争う余地のない主権を有しており、関係する海域の海底と底土に対して主権的権利と管轄権を有している」と主張した。しかしながら、中国は国連海洋法条約（UNCLOS）の諸規定と「九段線」との関係について公式に説明したことは一度もない。フィリピンは2013年に、「九段線」の主張がUNCLOSに違反しているとして、国際仲裁裁判所に提訴したが、中国は仲裁裁判への参加を拒否した。中国政府自身も、「九段線」の主張がUNCLOSに適合していないと認識しているものと思われる。2016年7月に国際仲裁裁判所は、中国が「九段線」を根拠に主張していた「歴史的権利」を全面否定する裁定を下した。

現行の国際法に基づいた話し合いでは、南シナ海における領土・主権問題や海洋権益をめぐる争いにおいて不利な立場に置かれかねないという懸念が、中

第7章 中国はなぜ南シナ海へ進出するのか | 119

図7-1 中国による南沙諸島の占拠状況

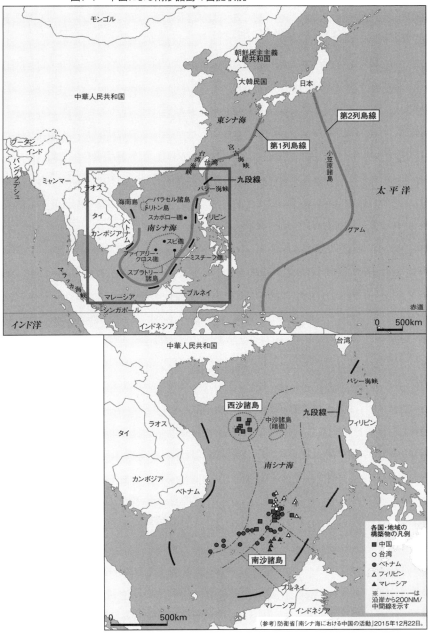

〔出典〕防衛省資料をもとに作成。

国による南シナ海への強引な進出の動機の１つになっているといえよう。力を背景にして南シナ海の支配を拡大し、既成事実を積み重ねることによって現状を中国にとって有利に変更することを狙っていると思われる。

海上交通路の安全確保

　1978年に改革開放政策を導入して以来、中国は目覚ましい経済成長を実現し、現在では世界第２位の経済大国となった。中国の経済発展は、多額の外資を導入することで国内の工業化を進展させ、安価な労働力を活用して国内で製造した製品を大量に海外へ輸出することで可能となった。また、中国は経済発展に伴って大量のエネルギーを消費するようになり、かつては自給できていた石油や天然ガス、石炭などのエネルギー資源を輸入するようになった。中国は膨大な製品やエネルギー資源などを輸出入するようになり、現在では世界最大の貿易大国となっている。

　中国の物品貿易の大半は、海運によって行われている。陸路や空路に比較して、海路は大量の物資を安価に運搬できる点で圧倒的に優位であり、また中国の主要な貿易相手である欧州や米国、ASEAN、日本などとの間には陸路が存在しないか極めて限られていることもあり、中国の貿易は海上航路に大きく依存している。さらに、中国が輸入するエネルギー資源も約90％が海上交通路を経て中国各地に到達しているといわれる。中国が利用している海上交通路は様々であるが、とりわけ南シナ海からマラッカ海峡へと通じる海上交通路の重要性は高まっている。南シナ海の海上交通路は、インド洋を経て中国最大の貿易相手である欧州につながっており、また中国が大量の石油を輸入している中東諸国やアフリカ諸国ともつながっている。中国が輸入する石油の約80％がマラッカ海峡を通過するとも言われており、南シナ海の海上交通路を安全に保つことが、中国にとって安全保障上の課題となっている。

　ところが**中国から見て、南シナ海の海上交通路の安全は必ずしも確保されてはいない**。先述したとおり、中国は南シナ海の島嶼の領有権をめぐって複数の東南アジア諸国と対立関係にあり、中国による急速な軍の近代化に警戒を強めた各国は、海軍力の整備に力を入れはじめている。例えばマレーシアやベトナム、インドネシアなどは潜水艦の調達を進めており、有事になれば南シナ海を航行する中国の船舶にとって無視できない脅威となる可能性がある。また、南

シナ海では米軍が圧倒的な優位を保持しており、台湾問題などをめぐって中国が米国と決定的に対立すれば、米軍が中国船舶によるマラッカ海峡の通峡を阻止する可能性も中国では懸念されている。有事の際に、南シナ海における中国の海上交通路への脅威を低減し、その安全性を高めることが、中国による活発な南シナ海への進出を促す一因といえるだろう。

米軍優位の打破

中国にとって、南シナ海における主権・領土問題や海洋権益をめぐる争いで有利な立場を確立する上でも、また海上交通路の安全を確保する上でも、最大の障害となっているのが、この海域において米軍が保持する軍事的な優位性である。**米国はフィリピンの同盟国であり、その安全保障に条約上の義務を負っている**。また米国は、南シナ海における中国による力を背景にした現状変更の試みを強く批判し、アジアへの「**リバランス戦略**」に基づいてベトナムやマレーシア、シンガポールなどとの安全保障協力の強化を図っている。こうした米国の姿勢は、軍事力では中国に対して圧倒的に劣っている東南アジア諸国に対して、中国の圧力に屈せず対抗する選択肢を提供しているといえるだろう。また、米軍が南シナ海で強力なプレゼンスを維持する限り、**中国にとって米国との軍事的衝突は、南シナ海における海上交通路の喪失を意味することになりかねない**。

したがって、短期的には実現が困難だとしても、南シナ海における米軍の優位を打破し、かわって中国軍の優位を確立することが、中長期的な中国の目標になっていると考えられる。仮に中国が南シナ海で軍事的優位を確立できれば、フィリピンやベトナムなどは米軍の後ろ盾を失い、領土・主権や海洋権益問題での譲歩を余儀なくされるだろう。また、中国と同様に南シナ海の海上交通路を利用している日本や韓国などに対して、中国が圧力を加える手段を手にすることにもなる。

さらに、南シナ海における軍事的優位を確立することは、中国が進めている米軍に対する接近阻止・領域拒否（A2/AD）戦略を実現する上で重要なステップとなる。中国は、台湾問題などをめぐって東アジアで武力紛争が生じた際に、米軍が同盟国や友好国を支援するために中国周辺地域に接近することを阻止したり、中国周辺地域における米軍の自由な行動を拒否する能力の保持を目指していると思われる。具体的には、グアムやハワイ、米国本土から接近して

くる米軍部隊を、いわゆる第1列島線と第2列島線の間に位置する西太平洋において撃破することが目標とされている。

その実現のためには、第1列島線を越えて水上艦艇や潜水艦、航空機といった各種の戦力を西太平洋へ展開しなければならない。第1列島線を通過する主要なルートとしては東シナ海から日本の南西諸島の間を抜けるものと、南シナ海から台湾とフィリピンの間のバシー海峡を抜けるものが想定される。中国軍が南シナ海で米軍に対して優位に立てれば、中国南部に所在する兵力を比較的安全にバシー海峡を通じて西太平洋へ展開することも可能となろう。またそうなれば、南シナ海における領域拒否戦略は自ずと達成されることにもなる。東シナ海周辺における強力な日米のプレゼンスに比べれば、南シナ海における米軍のプレゼンスは劣っており、軍事的な優位を確立できる可能性が相対的に高い海域として、中国は南シナ海への進出を強化していると考えられよう。

海上法執行機関による支配拡大

中国による南シナ海への進出と支配拡大の尖兵を担っているのは、**海上法執行機関の監視船**である。海上法執行機関とは、海上において各種の法令を強制力をもって執行する権限を有する政府機関であり、海軍などの軍事力とは区別される組織である。一般的には沿岸警備隊（コーストガード）がこれにあたり、日本では海上保安庁がその役割を担っている。2008年ごろから中国の海上法執行機関の監視船が南シナ海での活動を活発化し始め、領土・主権や海洋権益をめぐって関係諸国に圧力を加えるようになった。

例えば、農業部漁業局に所属し、**漁業に関する規制や監督を担う「漁政」**は、南シナ海における監視船によるパトロール活動を定期化し、中国漁船に対する保護の提供と、外国漁船に対する取締りを強化した。2011年6月には、インドネシア領のナトゥナ島付近において、違法操業していた中国漁船を拿捕したインドネシア沿岸警備隊の監視船に対して、漁政の監視船が銃口を向けるなどの圧力をかけ、漁船を解放させる事件を引き起こした。また、国家海洋局に所属し、**海洋権益の保護や海洋利用に関する法執行を担う「海監」**も、同時期から南シナ海における権益保護活動を強化した。2011年5月には、南シナ海で調査活動を行っていたベトナムの資源探査船に対して、海監の監視船がその航行を妨害した上で、探査船の調査用ケーブルを切断する行動に出た。こうした

例に見られるように、中国の海上法執行機関は南シナ海において力に依拠した海洋権益の確保を進めている。

　島嶼の支配拡大においても、中国の海上法執行機関は主たる役割を担っている。2012年４月、ルソン島から約200キロに位置し、フィリピンが実行支配していたスカボロー礁（黄岩島）において、停泊している複数の中国漁船をフィリピンのパトロール機が発見した。付近を航行していたフィリピン海軍の艦船が現場に向かい、違法操業の疑いで中国漁船を拿捕しようとしたところ、海監と漁政の監視船が現れてこれを妨害した。その後、海軍の艦船に代わって現場にとどまったフィリピン沿岸警備隊の監視船と、中国側の監視船による睨み合いがおよそ２カ月にわたって続いたが、最終的にフィリピンの監視船が撤退した。その後、中国の監視船は現場海域で恒常的なプレゼンスを構築し、スカボロー礁に対する中国の支配を確立した。中国は海軍力に頼らず、海上法執行機関を用いて新たな島嶼を支配することに成功したのである。

　中国はこの海上法執行機関の強化を図っている。2013年７月、海監と漁政に加えて、**公安部に所属する「海警」と海関総署に所属する「海関」の４つの海上法執行機関を統合した「中国海警局」**が発足した。中国海警局は国家海洋局の下に組織されたが、その運用は公安部の指導を受けることになった。複数の機関に分散していた海上法執行力を統合することで規模の拡大を図り、重複していた機能や装備、人員、予算などを効率的に活用し、また指揮・命令系統を整理することを通じて、海上法執行力を大幅に強化することが統合の狙いであろう。その後、１万トンを越える大型の監視船を導入したり、監視船の武装を強化するなど、中国海警局の装備面の強化が着実に進展している。

　2014年５月、中国とベトナムが管轄権を争っているパラセル諸島南方沖において、中国の大型掘削リグ「海洋石油981」が一方的に試掘を開始した。これに抗議するため、ベトナム側は監視船や漁船を現場海域に派遣したが、中国側は中国海警局の監視船を中心に多数の船舶をもって、これを阻止した。その過程で、中国海警局の監視船はベトナムの監視船や漁船に体当たりを繰り返し、ベトナム側の漁船には転覆したり、負傷者が出るなどの被害が生じた。なお、現場海域では海軍の艦艇や航空機も活動しており、中国海警局と海軍との間に一定の連携が見られた。2013年４月に発表された中国の国防白書では、「国家の海洋権益を守ることは人民解放軍の重要な職責である」とされ、「海軍は海監や漁政などの法執行部門と協調メカニズムを構築した」と記述されている。

中国海警局の発足により、指揮・命令系統が一元化されたことで、海軍との連携がさらに進展することが予想される。

演習を通じた軍事力の誇示

　海上法執行機関が前面に立って南シナ海への進出を進める一方で、人民解放軍も着実に南シナ海での活動を強化している。人民解放軍は領土・主権や海洋権益をめぐる争いで前面に出てはいないが、南シナ海で活発な演習を行うことによって軍事力を誇示し、東南アジアの係争諸国に対して圧力を加えている。

　中国海軍は南シナ海で大規模な実弾演習を繰り返している。例えば2010年7月に中国海軍は、南海艦隊の艦船や航空機を中心に、北海艦隊と東海艦隊の駆逐艦も加わった3艦隊合同の実弾演習を行った。この演習では、防空作戦、対艦作戦、対潜水艦作戦などの実戦的な訓練が行われ、16種類71発に上る各種のミサイルが実射された。その後も大規模な実射訓練は内容を充実させながら繰り返されており、2015年7月には、100隻を越える艦船と数十機の航空機に加えて、第二砲兵のミサイル部隊や陸軍の電子対抗部隊も参加した統合実弾演習が行われた。

　また**中国海軍は、敵が占領している島嶼を奪取することを目的とした、上陸演習を南シナ海で繰り返している。**2012年11月には、大型のドック型揚陸艦である「崑崙山」を旗艦とし、駆逐艦、フリゲート、潜水艦、補給艦、病院船、測量船など10隻余りから成る編隊が、南シナ海において実戦的な上陸演習を行った。この編隊は、数十時間の航行を経て到達した海域において、敵の航空機やミサイルへの対処、敵艦艇への攻撃、敵が占領する島嶼への艦砲射撃、ホバークラフトや水陸両用車などを使った上陸などの訓練を実施した。2015年7月に行われた上陸演習では、中国海軍がウクライナから導入したばかりの大型ホバークラフトであるポモルニク級が参加し、戦車を揚陸するなど、上陸作戦能力の向上を周辺諸国に印象づけた。

　さらに中国海軍は、複数の艦艇からなる編隊を比較的長期に遠方海域へと展開して行う遠洋訓練を、南シナ海でも繰り返している。2010年3月には、北海艦隊に所属する艦艇6隻からなる編隊が、西太平洋からバシー海峡を通過して南シナ海に展開し、様々な演習を行う遠洋訓練を実施した。2014年1月には、南海艦隊の訓練編隊が南シナ海を縦断してジャワ海に進入し、スンダ海峡

を経てオーストラリア北部のインド洋に展開する遠洋訓練を行っている。これは、中国海軍の作戦可能範囲が、南シナ海全域のみならず、インドネシアを越えた東インド洋にまで達したことを示している。中国海軍は南シナ海でこうした遠洋訓練を繰り返し行うことで、地域諸国に対して戦力投射能力の向上を誇示しているといえるだろう。

軍事的優位確立に向けた動き

　人民解放軍は、南シナ海における米軍の優位を打破し、自らの優位確立に向けた動きも強めつつある。2013年末ごろから、中国は自らが支配するスプラトリー諸島の７つの岩や暗礁において、大規模な埋め立てを行い、人工島の造成を進めている。中国はその人工島で、大型の船舶が停泊できる港湾施設や、多様な航空機の発着が可能な滑走路、大量の人員の勤務・滞在が可能な各種の庁舎などの建設も行っている。一部の人工島では機関砲や対空レーダー、超水平線（OTH）レーダーなどの設置も伝えられており、中国は人工島の軍事拠点化を着実に進展させていると思われる。最大の人工島となったファイアリー・クロス礁では、3,000メートル級の滑走路が完成し、2016年４月には、急病人の移送を名目に中国海軍の哨戒機が離着陸を行った。

　南シナ海で複数の軍事拠点を建設することは、中国軍が南シナ海において軍事的優位を確立する上で大きな意味を持つだろう。大規模な港湾や補給施設が南シナ海に存在すれば、中国海軍の艦船が本土に戻らず長期にわたって周辺海域で活動できるようになり、作戦能力の大幅な向上につながるだろう。それによって、米軍の艦艇に対する警戒監視活動や、行動を制約する活動を強化することが可能となるだろう。また、人工島で本格的な滑走路や整備施設、燃料や弾薬の補給施設などが整備されれば、人民解放軍のあらゆる航空機の離着陸や、恒常的な配備も可能となる。南シナ海のほぼ中央に位置する人工島に戦闘機や爆撃機が配備されるようになれば、この周辺空域における中国空軍の作戦能力は飛躍的に向上するだろう。

　また中国海軍は、南シナ海において潜水艦能力の強化も図っている。中国海軍は、海南島の南端に新たな基地を完成させた。ここには水中トンネルで海と接続されている地下式の潜水艦基地が設置されており、中国海軍は新型の弾道ミサイル発射型原子力潜水艦（戦略原潜）と攻撃型潜水艦の配備を進めている。

この基地からは、潜水艦が潜航したまま出航できるために、偵察衛星による出航情報の収集が難しくなる。出航情報を秘匿できれば、敵によって位置を探知される危険を低減することができ、中国の潜水艦にとってはより安全に作戦を行うことが可能となる。中国海軍はこの利点を生かして、海南島を拠点に戦略原潜を運用して対米核抑止能力を高めるとともに、攻撃型潜水艦を隠密裏に南シナ海からバシー海峡を通過させ、西太平洋へと展開することを想定していると思われる。

　南シナ海においては、中国軍による米軍の行動に対する妨害がすでに始まっている。2009年3月には、海南島の南方沖で情報収集活動を行っていた米海軍の音響測定艦「インペッカブル」に対して、海軍の情報収集艦を含む複数の船舶が航行の妨害を行った。2013年12月には、南シナ海で中国の空母「遼寧」の訓練を監視していた米海軍の巡洋艦「カウペンス」に対して、中国海軍の輸送艦が異常に接近し、その安全な航行を妨害した。さらに2014年8月には、海南島の東方沖の南シナ海上空を飛行していた米海軍のP-8対潜哨戒機に対して、中国軍のJ-11戦闘機が6メートルの距離まで異常に接近したり、搭載しているミサイルを見せつけたり、P-8の前方で急上昇するなど、危険かつ挑発的な飛行を行った。このような行動には、南シナ海で向上している作戦能力への自信とともに、米国の軍事的優位の打破に向けた人民解放軍の強い意思が現れていると見るべきであろう。

リバランスを強化する米国

　南シナ海における中国による強引な進出を受けて、米国は中国への警戒感を強めていった。米軍の行動に対する中国軍による妨害行為については、国際法で認められた「航行の自由」の原則に反するものとして強く批判し、埋め立てとその軍事化については、即時かつ恒久的な中止を要求した。それにも拘らず、中国側の行動に変化が見られなかったことから、米軍はついにに南シナ海で**「航行の自由作戦」**の実施に踏み切った。

　2015年10月に、米海軍のイージス艦「ラッセン」が、中国が人工島の建設を進めるスビ礁（渚碧礁）から12海里以内の海域を通航した。UNCLOSは、領海基線から12海里以内を領海と規定すると同時に、あらゆる船舶による領海内の「無害通航権」を認めている。さらにUNCLOSは、スビ礁のような満

潮時に水没する地形（低潮高地）に基づく領海の設定を認めておらず、スビ礁周辺にはいかなる国の領海も存在しえない。ラッセンはこの海域を通航することで、中国が南シナ海で展開している国際法に依拠しない主張を認めない姿勢を明示したのである。2016年1月30日には、米海軍のイージス艦がパラセル諸島のトリトン島（中建島）から12海里以内を無害通航し、二度目の航行の自由作戦を実施した。トリトン島はUNCLOSに規定する「島」であり、中国が公式に領海を設定していたことから、米国は中国に対してより強いメッセージを送ったものと考えられる。

　また米軍は、南シナ海におけるプレゼンスの強化に向けた動きも進めている。2016年4月、米国のオバマ大統領がフィリピンを訪問した際に、両国は新たな軍事協定を締結した。この協定に基づき、米軍は共同使用するフィリピン軍の5つの基地において、独自に必要な施設を設置することが可能となった。これによって、より多くの米軍の艦船や航空機がフィリピンの基地を拠点に活動することが出来るようになり、フィリピンにおける米軍のプレゼンスが大きく向上することが想定される。なお、米軍が共同使用する基地のひとつは、スプラトリー諸島に極めて近いパラワン島にあるアントニオ・バウティスタ空軍基地である。

秩序をめぐる米中の戦略的競争

　いま南シナ海で展開している事態は、秩序をめぐる米国と中国との戦略的な競争である。米国は、この海域における軍事的な優位を背景に、「航行の自由」に代表される米国が主導してきた秩序の維持に戦略的な利益を有している。

　他方で中国は、米国が主導する既存秩序の変更を目指して、この海域における軍事的な優位の確立を図っている。米国と中国の競争は、表面的には「航行の自由」の解釈をめぐって争われつつ、深層面では軍事力のバランスをめぐって争われることになるだろう。**今後当面は、中国による軍事力の増強に応じて、米軍がプレゼンスを強化していく構図が続くものと思われる。**

　中国にとっては、領土・主権や海洋権益をめぐる問題で有利な立場を確保し、海上交通路の安全を図るために、軍事的な優位を確立して南シナ海において中国主導の秩序を構築することは決して譲ることのできない利益である。

　他方で**米国にとっては、南シナ海において中国による力に依拠した現状変更**

を認めてしまえば、**同盟国や友好国の信頼に深刻なダメージを与えかねないこともあり、現行秩序の変更は決して受け入れられない**。双方に譲歩の余地がほとんどない中で、軍事力のバランスをめぐる競争が続けば、南シナ海における軍事的な緊張は高まらざるを得ないだろう。

　軍事的な緊張の高まりは、必ずしも戦争へと帰結するわけではないが、偶発的な事故や意図しない衝突を招く可能性を高めることにはなる。米国と中国には、南シナ海における戦略的な競争を行う一方で、こうした危機を管理するための努力が求められよう。また中国については、近年の強引な海洋進出が多くの地域諸国との関係悪化を招いていることや、大多数の地域諸国が既存の秩序の維持に利益を見出している事実を冷静に観察し、これ以上の摩擦を避ける努力が必要であろう。南シナ海をめぐる問題は、秩序をめぐる競争であるがゆえに、広く東アジア全体の安全保障に大きな影響を与えるものである。日本の安全保障にも大きく関係する問題であり、その解決に向けて貢献する権利と義務が日本にはあるといえよう。

（いいだ・まさふみ）

第8章

中国と台湾の関係はどうなるのか

──中国は台湾の民主主義とどのように向き合うのか──

福田　円

台湾問題の重要性

　中国において共産党が統治の正当性を維持するためには、「屈辱の近代史」を克服し、「豊かで強い」国家をつくる必要がある。そして、台湾はそのために欠くことのできない領土だと考えられている。なぜなら、台湾は「屈辱の近代史」のなかで日本に奪われた地であり、また中国内戦において「解放」できていない地でもあり、さらには米国などの介入により長期にわたり統合が困難となってしまった地でもあるからである。そのため、国家の成立から今日に至るまで、**中華人民共和国は台湾の「解放」、後には「統一」を重要な国家目標として掲げている**。

　中国は台湾の「統一」を国家目標としているものの、その目標が達成できる見通しは立っていない。その最大の要因は、中国が共産党一党体制を堅持しながら台頭しようとしているのに対し、台湾は民主化を遂げ、中国とは根本的に異なる価値観をもつ社会へと変容したことにある。加えて、台湾はアジア太平洋地域の要衝に位置するため、米国は台湾防衛への関与を止めようとはしない。とはいえ、**台湾が中国から「独立」できる見通しもまた、立ってはいない**。それは、中国が内政および外交における資源を総動員し、武力行使も辞さない構えで、「独立」の可能性を封じ込め続けてきたからである。そのような中国と台湾海峡で衝突することを、米国もまた望んでおらず、台湾の「独立」は支持しないと明言したこともある。

「台頭する中国」の現在の姿、そしてその行方を考えるうえで、中国と台湾の関係に注目することは重要である。中国にとって台湾の「統一」は、未だに成し遂げられていない国家統合の最終課題であり、そうであるからこそ国家統合のカナメと位置付けられている。しかしながら、中国が台湾を長らく「統一」できていないところに、市場経済と一党体制の不適合、自由を制限された国民の不満、ソフトパワーの不足など、「台頭する中国」が抱える様々な問題点が映し出されている。とりわけ、台湾が民主化を遂げ、自由で豊かな社会となったことによって、それらの問題点はより鮮明に映し出されることとなった。そして、様々な問題点を抱えつつも「台頭する中国」が「ツキジデスの罠を克服できるかどうか」を考える上では、まず米国との関係において一貫した争点である台湾問題をみなければならない。

本章では、上記のような問題関心のもと、できるだけ時系列に沿って中国にとっての台湾問題のポイントを押さえつつ、幾つかの問題について考えてみたい。なぜ、台湾の「統一」は国家統合のカナメであり、中国はその目標について妥協することができないのだろうか。中国が台湾を「統一」できないのはなぜで、そこには「台頭する中国」が抱えるどのような問題点が映し出されているのか。そして、米国との関係において台湾問題はどのように扱われており、今後はどう扱われていくのだろうか。

台湾問題の起源

1949年に中華人民共和国が成立したとき、共産党と国民党との内戦はまだ終わっておらず、浙江省、福建省、雲南省の一部、海南島などには国民党の残党が占領している地域があった。なかでも、国民党が中華民国政府を移転させた台湾の「解放」は、共産党にとって重要な課題であり、人民解放軍は**台湾解放**へとつながる渡海作戦を検討していた。しかし、人民解放軍には海空軍力が決定的に不足しており、台湾海峡の向こう側へと逃れた国民党軍を倒せる見通しは立たなかった。さらに、1950年6月に朝鮮戦争が勃発し、米国が台湾海峡への介入姿勢を明確に示すと、「台湾解放」作戦は棚上げされた。

朝鮮戦争の停戦が目前となると、共産党は再び「台湾解放」の作戦を検討しはじめた。しかし、海空軍力は相変わらず不足し、朝鮮戦争停戦後も米国が台湾を防衛する可能性は高かった。そこで、毛沢東は国民党が占領する福建省

第8章 中国と台湾の関係はどうなるのか | 131

廈門の対岸にある金門島を砲撃し、米国の出方をうかがうことにした。この砲撃によって1954年から1955年にかけて発生したのが、第一次台湾海峡危機である。第一次台湾海峡危機を通じて、中国は浙江省沿海に位置する大陳列島を「解放」したが、米国は台湾と米華相互防衛条約を締結し、台湾の防衛により明確に関与することとなった。

第一次台湾海峡危機以降、共産党は「台湾解放」を「長期的な課題」と位置づけた。そして実際には、軍事力の増強も含む国家建設に力を入れ、「台湾解放」のスローガンを民衆の動員に利用するようになった。対外的には、米国との大使級会談に応じるなど、交渉や宣伝を利用して米軍を台湾から撤退させる道を模索した。ところが、1958年に毛沢東は再び金門島砲撃を命令し、第二次台湾海峡危機を勃発させた。この砲撃の背景には、米華相互防衛条約で防衛義務が曖昧であった福建省沿海の島嶼に対する米国の姿勢を試す、米国との大使級会談の膠着状態を打開する、大躍進政策への大衆動員に「台湾解放」のスローガンを利用するなど、複合的な動機があったとみられる。

二度の台湾海峡危機を経て、中国と台湾の分断線は現在と同様の状態でほぼ固定化し、武力による現状変更が試みられる可能性もかなり低くなった。第二次台湾海峡危機後、人民解放軍は奇数日に金門島を砲撃し、偶数日は台湾側がこれに応じて砲撃をおこなうことが形式化し、次第に実弾ではなく、宣伝ビラなどを詰めた宣伝砲や空砲が使われるようになったのである。このような**台湾海峡における分断線の固定化と軍事的緊張の形式化を背景に、中国は文化大革命（1966-1976年）など独自の社会主義国家建設へと邁進した。**

▎国民党政権との対峙

台湾海峡危機を通じて封じ込められたのは、共産党による「台湾解放」だけではない。国民党による「**大陸反攻**」もまた封じ込められた。台湾へ撤退して以降、共産党に反撃し、中国大陸を取り戻すことは、蔣介石の悲願であった。蔣介石はそのために台湾において国民党一党体制を堅持し、戒厳令などをしいて「大陸反攻」にあらゆる資源を動員し、台湾海峡危機が起きると反撃を主張した。しかし、米国は台湾防衛と、「大陸反攻」への支援は区別し、後者を慎重に抑制した。そのため、金門島を介した形式的な軍事的緊張の継続は、米国の「台湾解放」と「大陸反攻」に対する二重の抑制に対し、共産党と国民党の

132　第3部　ツキジデスの罠を克服できるのか —— 国際秩序への影響力

双方が内戦の継続を主張するという意味ももった。

　台湾海峡では共産党と国民党の双方が内戦の継続を主張していたものの、東アジア冷戦のもとで「台湾解放」も「大陸反攻」もなされない状況が継続した。この間、一方で1960年代の中国社会には文化大革命の嵐が吹き荒れ、他方で台湾社会にはベトナム戦争特需などを受けた高度経済成長の恩恵がもたらされ、両者はそれぞれ対照的な道を歩んだ。すると、国際社会においては、中華人民共和国政府と中華民国政府を異なる主体としてそれぞれ承認すべきではないかという、「二つの中国」の考え方が主流となった。ところが、中国側も台湾側も、互いに自らが「中国」を代表する政権だと主張し、第三国からの承認獲得や国際連合の中国代表権をめぐり激しい外交競争を繰り広げた。

　こうした外交競争は、1950年代は西側諸国に承認され、国際連合の常任理事国でもあった中華民国が優勢であったが、1960年代を通じて形勢が変わり、1970年代には立場が逆転した。1971年に国際連合の中国代表権が中華民国から中華人民共和国へと切り替わり、1972年には米国のニクソン大統領が中国を訪問し、上海コミュニケを発表して中国と和解した。米国と中国の和解が報じられると、西側諸国は次々と中華人民共和国を承認し、中華民国と断交した。その後、中華民国政府を承認する国家は減少を続け、現在ではアフリカや中米などの20数カ国を数えるのみとなっている。

「平和統一」と経済文化交流

　中国は文化大革命を終結させ改革開放へと移行すると同時に、台湾にたいして「平和統一」という新たな方針を採るようになった。この背景には、国際社会での外交競争において中国が圧倒的に有利な立場に立ち、1979年には米国とも外交関係を樹立したことがあった。共産党は台湾の国民党政権にたいして、後に「三通」と総称される郵便物交換、通商、航路の開設を行い、里帰りや観光などの人的交流、スポーツや文化の交流なども提案し、これらの経済文化交流を前提とした統一交渉を呼びかけた。そして、「統一」の後、台湾は「特別行政区として高度の自治権を享有し、軍隊を保有することができる」と、「一国二制度」の構想を明らかにした。後に香港や澳門に適用される「一国二制度」は、元来台湾向けに構想されたものだったのである。

　「平和統一」の呼びかけにたいして、蒋経国政権は「妥協しない、交渉しな

第8章　中国と台湾の関係はどうなるのか　133

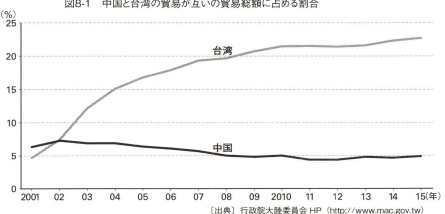

図8-1　中国と台湾の貿易が互いの貿易総額に占める割合

〔出典〕行政院大陸委員会 HP（http://www.mac.gov.tw）

い、接触しない」という「三不政策」をとった。しかし、この「三不政策」は1980年代を通して徐々に形骸化した。1980年代は、中国が改革開放を促進するために国際協調を重視し、台湾も1970年代の外交的孤立からの脱却を目指したため、国際空間における中台双方の接触が増加した。また、改革開放の初期段階で中国は香港や台湾からの貿易や投資を必要としたのに対し、すでに高度経済成長を果たした台湾は中国への生産拠点の移転を望み、経済的な相互依存状態が生まれた。

1990年代にはいっても、中国と台湾の実質的な経済関係は着実に増加した。李登輝政権は中国との経済交流を規制したが、1990年代の中ごろに台湾

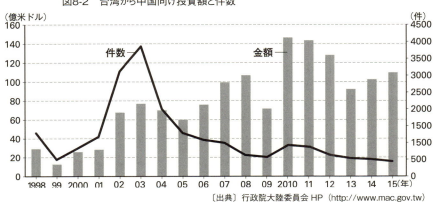

図8-2　台湾から中国向け投資額と件数

〔出典〕行政院大陸委員会 HP（http://www.mac.gov.tw）

の対中貿易額は対東南アジア貿易額総額を上回った。また、1990年代を通して、台湾の中小企業の対中投資は、貿易を上回る規模で増加した。さらに、2001年に中国、2002年に台湾が共に世界貿易機構（WTO）に加盟すると、中台間の貿易や台湾企業の対中投資は飛躍的に伸びた。後述するように、陳水扁政権期の台湾と中国の間に公式な交渉チャネルは開かれず、政治的な緊張はあったものの、実質的な中台経済関係は緊密化を続けたのであった。

交流の開始当初は相互依存状態にあった中台経済関係だが、中国の経済成長に伴い、2000年代には台湾経済の中国経済に対する依存が急速に強まっていった。2002年まで、中国と台湾の互いへの貿易額が対外貿易総額に占める割合は同程度（2002年は約7％）であったが、2003年以降は中国の貿易総額に占める対台湾貿易の割合が緩やかに減少したのに対して、台湾の貿易総額に占める対中国貿易の割合は20数パーセントにまで増加した（図8-1）。また、台湾企業の対中投資額は、2002年に前年（2001年）の倍、2007年までには約3倍に増加した（図8-2）。このような中台間の実質的な経済関係の緊密化に対して、政治的には緊張状態が続いたため、政治的交渉を必要とする中台関係の制度化は2008年に馬英九政権が発足するまで、ほとんど進まなかった。

民主化する台湾と向き合う

1980年代以降、中国と台湾の経済関係は深化したが、共産党が当初構想し

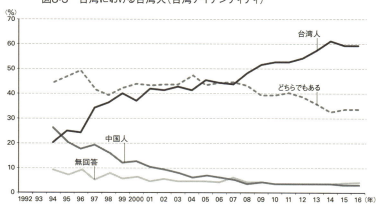

図8-3　台湾における台湾人（台湾アイデンティティ）

〔出典〕国立政治大学選挙研究センター（http://esc.nccu.edu.tw）

たように、こうした交流が台湾の「平和統一」へと結びついたわけではなかった。1980年代の蔣経国政権は一方で中国との交流を開放しつつも、他方では共産党との交渉ではなく、台湾での政治的自由化をさらに進めることによって体制を保持しようとした。そうした自由化のなかで、台湾出身のエリートである李登輝が副総統職にまで登りつめ、台湾本土派が民主進歩党（民進党）を結党することが可能となった。そして、1987年に戒厳令が解除されると自由化は一気に加速し、共産党が「平和統一」の交渉相手として想定していた範囲外の人々、すなわち台湾本土の人々の声が次第に政治へ反映されるようになった。

　政治的な自由化を加速させる台湾とは対照的に、中国では**天安門事件**（1989年）が起き、政治改革をめぐる自由な議論は頓挫した。天安門事件の様子は、諸外国と同様に台湾でもテレビ中継され、人々に大きな衝撃を与えた。この頃台湾においては、蔣経国の死去に伴い総統となり、国民党内の実権も握った李登輝がさらなる政治改革を進めた。議会の全面改選（1991年）、台北市や高雄市などの首長直接選挙（1994年）、そして総統直接選挙（1996年）などが立て続けに実施され、台湾の民主化は完成していった。このような台湾に向けて、中国の指導者は「平和統一」を前提とした対話を呼びかけ続けたものの、天安門広場での民衆に対する軍事鎮圧を目の当たりにした台湾の人々にとって、中国政府からの呼びかけは説得力をもたなかった。

　李登輝政権は中国との対話に応じる一方で、かつてのように「正統中国」の建前にこだわらない、柔軟な対外政策を展開し、国際社会における活動空間を

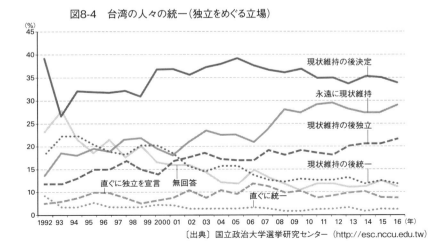

図8-4　台湾の人々の統一（独立をめぐる立場）

〔出典〕国立政治大学選挙研究センター（http://esc.nccu.edu.tw）

求めた。これに対し、天安門事件後、党内での権力基盤を安定させた江沢民政権は、李登輝の対外政策を牽制しつつも、「中国人は中国人を攻撃しない」など柔軟な内容を含む呼びかけを行った。しかし、江沢民政権の呼びかけは、台湾における民主化と「**台湾アイデンティティ**」の高まりに追いつけず、台湾側との本格的な対話への道を打開するには至らなかった。そして、後述するように、1996年の台湾総統直接選挙に合わせて中国が台湾向けミサイル演習を行ったことにより、中国が呼びかける「統一」交渉と「台湾アイデンティティ」との間の溝は、決定的に深いものとなった。

米中関係の争点としての台湾問題

　「台頭する中国」の対外政策は米国との関係に尽きるが、その米国との関係において台湾問題は長らく最大の争点であった。特に、台湾が民主化を遂げ、それに伴い「台湾アイデンティティ」が高まると、米中双方の意向にかかわらず、台湾での政治動向が米中関係へと影響を及ぼすようになってきた。

　米中が和解した1972年の上海コミュニケにおいて、米国は、一方では「**台湾海峡の両側のすべての中国人が、中国はただ一つであり、台湾は中国の一部分であると主張していることを認識（acknowledge）する**」と表明した。米国は台湾問題をめぐる中国の主張に一定程度は歩み寄ったものの、中国の主張を「承認（recognize）」ではなく「認識」したにすぎなかった。さらに、米国は「台湾問題の平和的解決についての関心を再確認」して、即座に中華民国との断交には踏み切らず、台湾防衛への関与を継続した。

　1979年の米中国交正常化においても米国はこの立場を踏襲し、中華民国と断交する一方で国内法である**台湾関係法**を制定し、台湾の安全保障に関与し、「防衛的兵器」を供与し続けることを確認した。このような米中間のコミュニケと台湾関係法が規定する米国の対中・対台湾政策は「**一つの中国**」**政策**と呼ばれ、現在も台湾海峡平和と安定に寄与している。

　ただし、このような枠組みが台湾海峡有事にたいして米国がどの程度関与することを示すのかは、長らく曖昧にされてきた。しかし、1996年の**第三次台湾海峡危機**はそれを証明する実例となった。1995年、米国を訪問した李登輝は、母校コーネル大学にて台湾民主化の成果を強調する演説を行った。この李登輝訪米をうけ、江沢民政権は台湾の近海におけるミサイル演習を開始し、翌

1996年の台湾総統選挙まで断続的に続けた。これに対し、米国は空母戦闘群を台湾海峡に出動させ、中国の対台湾武力行使を牽制した。その結果、中国のミサイル演習は李登輝総統選出への追い風へと転じ、民主的な台湾とは対照的に、力による問題解決を志向する中国のイメージを国際社会に植えつけた。

第三次台湾海峡危機の後、江沢民政権は李登輝に対する批判のトーンを和らげ、台湾との関係を修復しようとした。ところが、中国からの軍事的な圧力を目の当たりにし、台湾の人々の「台湾アイデンティティ」は急速に高まり、「平和統一」の呼びかけに魅力を感じる人は少なくなった（**図8-3、および図8-4**）。

ただし、中国は米国との関係改善も模索し、台湾が「独立」や「二つの中国」へと傾斜しないよう、米国と協調することには成功した。米国にとっても、台湾海峡の緊張がさらに高まり、対中関係を決定的に損ねることは望ましくなかったためである。クリントン政権は1997年から翌年にかけて「**三つのノー**（［1］台湾独立を支持しない、［2］『二つの中国』や『一つの中国、一つの台湾』を支持しない、［3］台湾が国家を要件とするいかなる組織のメンバーになるべきだとも信じない）」を繰り返した。

＼ 「統一」促進から「独立」阻止へ

台湾海峡危機後、中国と米国が歩み寄ったのに対し、中国と台湾は対話の糸口をつかめず、台湾の指導者は「台湾アイデンティティ」を鼓舞するような発言を繰り返した。1999年に任期満了が近づいた李登輝は、中国との関係を「すでに国家と国家との関係、少なくとも特殊な国と国との関係として位置づけられる」とする「**二国論**」に言及した。中国はこの「二国論」を厳しく批判し、台湾との対話のチャネルを一方的に閉じたのみならず、武力行使をも示唆した。また、米国は改めて「一つの中国」政策を確認し、中台双方に特使を派遣して事態の沈静化に努めた。

2000年の台湾総統選挙では、野党民進党の陳水扁候補が優勢となったことをうけ、江沢民政権は「台湾独立」に対する厳しい警告を行い、台湾の人々の反感を買った。結局、2000年の総統選挙では陳水扁が当選し、台湾で生まれた政党が政権を担う時代が到来した。陳水扁は、総統選挙戦の過程で民進党の独立路線を修正し、「現状維持」を模索すると表明していた。ところが、中国側から好意的な反応を得られなかった陳水扁は、次第に「台湾アイデンティティ」を

強調することで台湾内部の支持基盤を固めようとすることを憚らなくなった。陳水扁は、「台湾と中国はそれぞれが別の国」とする「**一辺一国**」論を発表したり、「台湾」名義での国際機関加盟を問う住民投票を行おうとしたりして、中国を刺激した。米国もまた、陳水扁の言動は台湾海峡の安定を損なうものとして警戒した。

　台湾の指導者による「二国論」や「一辺一国」の提起により、一方では台湾の民意が中国の主張する「**一つの中国**」とは反対の方向へと高まったことが示されたが、他方では台湾が中国とは異なる主権を主張し、中国を刺激することは米国も歓迎していないことも明らかになった。そこで、2005年頃に江沢民に代わり共産党内の権力を掌握した胡錦濤は、**対台湾政策を統一促進から独立阻止へと調整した**。

　胡錦濤政権は「反国家分裂法」を制定し、(1) 台湾が中国から分裂した場合、(2) 台湾が中国から分裂する重大な変化が生じた場合、(3) 平和的統一の可能性が完全に失われた場合に、「非平和的手段」を用いることを立法化した。しかし、胡錦濤政権は従来の「外国勢力の干渉」や「台湾当局が無期限に交渉を引き伸ばした場合」などを武力行使の要件から除外し、国民党を中心とする台湾野党に的を絞って交流促進を行った。同政権はまた、陳水扁政権の「台湾アイデンティティ」をアジェンダとする政治運営に対しては、直接的な批判を控え、台湾が地域の「トラブルメーカー」となることへの懸念を米国や日本に表明させた。

中台交流の深化と「台湾アイデンティティ」

　胡錦濤政権の対台湾政策は、「一つの中国」の前提に立たない民進党政権を無視し、台湾野党と関係諸国に働きかけることで、台湾政治に影響力を及ぼそうとするものであった。この戦略は功を奏し、2008年の台湾総統選挙では馬英九・国民党政権が発足した。馬英九政権が発足すると、長らく中断していた中台間の公式な交渉チャネルは直ちに再開し、翌2009年までの間に経済交流を下支えする12の実務協定が締結された。中国人観光客の受け入れ拡大、中台直行便の拡充、中台間の投資規制の緩和などが次々と打ち出され、2010年には中台間の経済連携協定に類する**経済協力枠組み協議**（ECFA ／ Economic Cooperation Framework Agreement）が締結された。中国は台湾と第三国の自

由貿易協定締結に対して厳しい姿勢を示す一方で、ECFAの締結を促進し、台湾を政治的に囲い込もうとした。

　中台経済関係の深化は、台湾の政治や社会に大きな影響を与えた。台湾経済の対中依存はいっそう深まり、台湾の貿易総額に対中貿易が占める割合も、台湾企業の対中投資額も高い状態が続いている（図8-1および8-2）。また、人的往来も活発化し、中国で就業・就学する台湾人の数も飛躍的に増えた。台湾には毎日多くの中国人観光客が訪れ、台湾の旅行業は中国人観光客なしには立ち行かなくなっている。さらに、中国政府の一部台湾企業に対する影響も強まっており、とりわけ中国市場で成功した企業の大手メディア買収などは注目を集めた。

　このように、台湾の中国に対する依存が強まるかたちで経済交流が深化した結果、中国は特定の企業や人物を通じて台湾政治に影響力を及ぼせるようになった。2012年の総統選挙戦において、台湾の有力大企業の会長や社長が次々と国民党支持を表明し、選挙戦にも一定の影響を与えたことはその実例であるといえる。

　中国側は台湾の人々の利益となるような中台交流の促進は、将来の「平和統一」に資するだろうと考えていた。ところが、**2008年以降、人々の「台湾アイデンティティ」はますます高まり、台湾の民意は中国との「統一」とは反対の方向へ向かっていった**。先述の世論調査によれば、自らを「台湾人である」と考える人の割合は、「中国人であり、台湾人でもある」と考える人の割合を大きく引き離し、増加を続けた。中国との将来の関係については、「現状維持」のなかでも「永遠に現状維持」を志向する人が増えた（図8-3および図8-4）。

　これは、台湾の人々が中国の人々や社会と接触する機会が増えたため、中国との違いをより強く認識するようになった結果と思われる。「台湾と中国は別」だという認識を強めた人々は、国民党政権による過度の対中傾斜を厳しくチェックし、中国からの政治攻勢には反発している。また、中国との経済交流の深化よって深刻化した社会のひずみは大きく、対中依存のみが深化してくことへの閉塞感も強まっている。

　2014年3月、台北では中国とのサービス貿易協定の審議過程に不満をもつ若者たちが立法院（日本の国会に相当）に立てこもる、**「ひまわり学生運動」**が起きた。「ひまわり学生運動」以降、台湾では既存の政党とは結びつかない公民運動が盛り上がり、中国との交流を監督する条例の制定を求めている。

国家統合のカナメ

ここここまで見てきたように、**中国の歴代政権は「台湾解放」から「平和統一」、「平和統一」のなかでも「統一」促進から「独立」阻止へと対台湾政策の力点を移行させつつある。しかしながら、「台湾独立」は決して容認できず、そのためには武力行使も辞さないという姿勢は一貫している**。また、中国の人々もそのような政府の姿勢を支持しているように見える。例えば、2016年4月に環球時報と上海社会科学院が中国のネットユーザーに対して行った世論調査によれば、ネットユーザーの99パーセントが「台湾は中国の不可分の領土である」ことに賛成し、85パーセントが「必要な場合は武力行使も辞さない」ことに賛成しているという（『中国時報』2016年4月27日）。

共産党政権は一度も台湾を統治したことがなく、中国と台湾の今日の姿は大きく異なっているにもかかわらず、台湾が「不可分の領土」であることが中国においてこれだけ強く信じられているのは、なぜなのか。

それは、台湾が「未完の国家統一」の最後のピースとして、中国の国家統合において象徴的な地位に置かれ、中国においてそのような宣伝や教育が長らくなされてきた帰結であるといえよう。毛沢東時代、「台湾解放」のスローガンは、大躍進運動や文化大革命などへの大衆動員と密接に関係していた。鄧小平時代以降の「台湾統一」も、改革開放政策によって目指すべき国家像と関連づけられ、そのための宣伝キャンペーンの材料にもなった。中国政治の重要な節目において、「不可分の領土」である台湾を取り戻す必要性を学習し、宣伝するキャンペーンは繰り返され、大国への発展へと国民を駆り立てるために利用されてきたのである。

今日の中国では、国家や国民の統合がこれまでにも増して重要視されている。それは、中国が市場経済と一党体制のひずみを抱えたまま大国を目指すなかで、社会に多くの不満が生まれ、分離独立の動きさえも見られることの裏返しであるといえる。近年の共産党は「**核心的利益**」という概念によって、国家統合に対する断固たる姿勢を示そうとしている。そもそも「核心的利益」とは、米国との大国関係において、互いの本質的な利益には口を出さぬよう呼びかけるために使われはじめた概念で、台湾問題のことを指していた。

その後、それを主張する対象や範囲は拡大し、現在では台湾にチベットや新疆ウイグル自治区が加わり、さらには南シナ海をも含むことが示唆されるよ

うになった。このような経緯から見ても、台湾問題は中国の国家主権や領土保全に関わる「核心的利益」のなかでも最も「核心的」であることがわかる。

また、共産党にとって頭の痛い問題となりつつある**香港問題**とも、台湾問題は密接に関わっている。先述したように、現在香港に適用されている「一国二制度」はそもそも台湾向けに考えられた構想であった。そのため、香港における「一国二制度」の実践は、台湾に「一国二制度」による「統一」を呼びかけるうえでショーウインドーの役割を果たすはずであった。ところが、「一国二制度」の下で、香港市民の自由は制約を受け、その不満は「雨傘運動」と呼ばれる学生や市民の運動が発生する程度にまで高まっている。このような香港の現状を目の当たりにして、台湾では「一国二制度」に期待を寄せる人はごく僅かとなってしまった。翻って、万が一共産党が「台湾独立」を許すようなことがあれば、香港における「一国二制度」も破綻してしまう可能性がある。

このように、台湾問題は国家統合のカナメであるため、対台湾政策をしっかりとコントロールできるか否かは、政権のリーダーシップに関わってくる。そして、その重要性は近年ますます高まっている。中国の対台湾政策を統括しているのは、共産党の**中央対台湾工作領導小組**という組織であるが、江沢民政権期以降は、党と国家のトップがこの組織の組長を兼任し、対台湾政策の意思決定を行っている。これらに加え、習近平は福建省でのキャリアが長く、台湾人の知人も多く、「台湾通」を自認している。そのため、対台湾政策において自らがリーダーシップを発揮することを、習近平は個人としても重要視しているとみられる。

中国の姿を問い続ける台湾

現在、台湾の人々を「統一」へと振り向かせる動機があるとすれば、それは中国の経済成長であろう。しかし、近年の緊密化する経済関係の一方で、「台湾アイデンティティ」がさらに高まったことも事実である。中国は経済的な利益だけではなく、文化や価値といった側面においても、台湾の人々の共感を得られるようになるのかどうかが問われている。台湾は面積や人口という面では中国とは比べ物にならないほど小さく、中国のように大国を目指しているわけでもないが、台湾の姿は、「台頭する中国」へ絶えず疑問を投げかけているのである。

中華民国政府が台湾に移転した時から数えると70年あまり、日本統治時代から数えると120年あまりの期間のほとんどは、中国と台湾には異なる政府が統治する、異なる社会が併存してきた。台湾に暮らす人々の多くが中国大陸にルーツをもつとはいえ、分断されていた時間が生み出した隔たりは大きいと言わざるを得ない。とりわけ、台湾が民主化を遂げると、天安門事件を鎮圧した中国との間には決定的な違いが生まれはじめた。台湾では、人々の基本的な自由や権利が尊重され、民主主義的な手段に則って集団の意思決定がなされるようになった。これに対し、天安門事件以降の中国において、共産党は西欧的な民主化を明確に否定し、社会に対する引き締めを強化するようになった。

このような政治体制の違いは、4年に一度の台湾総統選挙のたびに、中台双方の人々や国際社会が改めて意識するところとなる。1996年の第1回総統直接選挙からすでに見られたように、台湾の選挙を注視し、軍事的な威嚇をも辞さない中国政府に対して、台湾の世論は厳しい。また、李登輝総統のみならず、歴代の台湾総統は、選挙の当選演説で必ず台湾における民主の価値に言及している。実は、このような台湾の選挙に対する中国の人々の関心は高い。中国において台湾のニュースなどを視聴することはほとんどできないが、中国の人々はインターネット規制をかいくぐって台湾や香港での選挙速報や報道に触れ、台湾の民主主義に注目している。

さらに、**中国と台湾の経済文化交流が深化すると、双方の人々は異なる政治体制の下にある互いの社会の違いをますます明確に感じることとなった。**一方で、中国の人々が台湾を訪れると、文化大革命などを経て中国では失われた中華文化を再発見し、成熟した社会における人々の親切さや礼儀正しさに感心する場合が多い。他方で、台湾の人々が中国を訪れると、インターネットが自由につながらないことなど、政治体制の違いを改めて認識する場合が多い。また、中国から台湾を訪れるツアー観光客のマナーの悪さは、台湾では一種の社会問題にすらなっている。

このように、中国と台湾の間で人々が接触する機会が増えると、その違いはより明確なかたちで認識されるようになった。それどころか、「中国」としての正統性争いを止め、**等身大の姿で民主的な発展を続ける台湾と、そこに暮らす人々の姿は、「台頭する中国」の在り方に常に疑問を投げかける存在となっている。**

東アジア国際政治の焦点としての台湾

　すでに見てきたように、米国と中国の関係において、台湾問題は長らく最も重要な争点であった。ところが、中国の台頭と米中間の経済的な相互依存関係の深化をうけて、台湾に対する米国の関与を見直すべきではないかという議論も出てきた。例えば、中国の軍事力が台湾を凌駕（りょうが）しつつあることや、米中経済関係を考慮して、台湾問題を中国との取引材料とすべきとの議論（棄台論）があった。また、中台間の緊張緩和に鑑みて、台湾を米国の勢力圏から、中国の勢力圏に移すことに同意し、台湾への武器売却を停止すべきだとの議論（フィンランド化）もあった。

　しかし、こうした対台湾関与の見直し論は米国において主流とはならず、オバマ政権は台湾に対する関与を継続した。もしも、米国が台湾を見放せば、周辺諸国はそれをどのように受けとめるだろうか。米国が東アジアにおける信頼性を維持しようとするとき、台湾への関与を継続するか否かは、その重要な指標の一つであるといえよう。また、既に民主主義が根づいた台湾において、人々が中国とは異なるアイデンティティを主張しているにもかかわらず、米国が中国の一方的な現状変更を容認できるだろうか。**これまで米国が掲げてきた価値や規範という観点から見ても、現在の台湾を見放すことは難しい**といえよう。

　台湾をめぐり米中がいかなる協調あるいは競争を繰り広げるかは、「ツジキテスの罠を克服できるかどうか」という本書の問いにこたえる試金石となるだろう。2016年に発足した蔡英文政権は、中国との関係について「現状維持」を掲げる一方で、「一つの中国」の立場を受け容れていないため、中国との公式な対話のチャネルを打開できずにいる。しかし、米国は蔡英文政権の姿勢を批判せず、事態の経過を静観している。オバマ政権は馬英九前政権の対中和解を評価しつつも、南シナ海への進出など地域における中国の攻勢を目の当たりにし、米国の想定を超えた台湾の対中接近を警戒するようになった。つまり、馬英九政権の8年間で、米国にとって中台間の緊張は望ましくないが、過度な接近もまた望ましくないことが確認されたといえる。このことは、習近平中国が蔡英文政権に圧力をかけ続け、中台関係が緊張すれば、米中関係において再び台湾問題が争点化し得ることを示している。

　近年、アジア太平洋地域で大きな問題となっている中国の南シナ海や東シナ海での行動をめぐる議論においても、台湾は重要な位置を占めている。台湾は

東シナ海と南シナ海の結節点に位置し、中華民国政府による尖閣諸島領有や南シナ海十一段線の主張は、中国政府が今日それらの領有を主張する下地を形成してきた。

　台湾の政府は一方で、今日においても領有権の主張を取り下げず、南シナ海の東沙島や太平島は実効支配している。しかし、他方では、台湾は周辺国との主張の違いに対する方針として、対話や法の支配の重要性を主張しており、米国や日本との協調を重視している。そのため、東シナ海や南シナ海においても、台湾をめぐる米中間の綱引きが続いており、**台湾の動向は地域のパワーバランスに大きな影響を与え得るものとして注目される**のである。

（ふくだ・まどか）

第9章

台頭する中国と米国外交

―― 「ツキジデスの罠」から脱却できるか――

神保　謙

＼「大国政治の悲劇」と「リベラル国際秩序へ恭順」の狭間

　国際政治の長い歴史のなかで、大国の盛衰の背景には、覇権国と台頭する国家との熾烈な競争の物語がある。覇権国（国際システムの秩序提供者）と台頭する挑戦国が「力の移行・覇権交代」（power transition）を経験する過程では、しばしば秩序の混乱や大戦争が生じた。この歴史的教訓に従えば、20世紀後半の秩序形成を担った米国と、21世紀前半に台頭する中国との本格的な対立は避けられないという見方がある[注1]。

　こうした見方を米国の政治学者グレハム・アリソンは「ツキジデスの罠」として警告する[注2]。古代ギリシアの歴史家ツキジデスは著書『戦史』のなかで、紀元前5世紀に内陸指向国家スパルタが、アテネの国力興隆に不安を抱き、戦争に至った経緯を叙述した。このペロポネソス戦争の歴史は、覇権国と新興国とのパワーシフトの過程で引き起こされる深刻な対立を示唆している。ハーバード大学のベルファーセンターは、過去500年にわたる新興国とその挑戦を受ける覇権国との関係を示す16の事例において、はからずも12件が戦争に至り、戦争を回避できた事例でも覇権国が国際システムやルールの改変などの大きな代償を強いられたと分析した[注3]。

　歴史的教訓は米中関係に悲観的な展望をもたらす。 攻勢的現実主義の立場に立つジョン・ミアシャイマーは著書『大国政治の悲劇』（The Tragedy of

Great Power Politics）の中で、中国が地域覇権を獲得する行動に伴う米中の対立は不可避であると位置づける[注4]。また、中国軍事研究を長年続けてきたマイケル・ピルズベリーは著書『China2049』（The Hundred-Year Marathon）の中で、中国は「平和的台頭」等のスローガンの背後で建国から100年にあたる2049年までに、米国を完全に追い抜く超大国となる「マラソン」を続けていると主張する[注5]。両者に共通するのは、台頭する中国と対話を試みる「関与政策」を続ければ、中国は国際システムに平和的に恭順するという楽観論への戒めである。

　しかし、**歴史の教訓を安易に現代の米中関係に当てはめることを厳しく批判する見方もある**[注6]。リベラル国際主義の立場からみれば、第二次世界大戦後の国際社会は「自由で開かれた国際秩序」（liberal international order）によって支えたものであり、西側諸国の冷戦の勝利と新興国の台頭は、ともに自由で開かれた秩序の恩恵であった。**現代の中国が政治システムとしての権威主義体制を維持できた理由も、自由主義諸国に対する輸出主導型の経済発展を成功させたことを抜きに考えることはできない。**したがって、既存の国際秩序に根本的な変革を迫れば、中国は自らの発展戦略の土台を揺るがすことになる。このような立場に立てば、21世紀に到来する力の移行は、先行秩序との共存共栄と平和的発展の可能性さえ生み出す、という楽観的な視座も提供されている。

　中国政府自身も、2005年12月に公表した白書『中国の平和的発展の道』において、中国と国際システムとの間の一体性を指摘したうえで「中国は将来強大になったとしても平和的発展の道を歩む」と宣言した[注7]。さらにこうした共存路線が、世界秩序や地域秩序を米中の協調によって支えるとする「新型の大国関係」による米中両国秩序の形成といった構想も、中国の指導者によって提案された。2012年5月に開催された第4回戦略・経済対話にて胡錦濤国家主席は「新型の大国関係」構築のために「歴史上の大国対抗衝突という伝統的論理」からの脱却を唱えてきたのである[注8]。

　こうした現実主義による悲観論と、リベラル国際主義による楽観論のどちらが正鵠を得ているだろうか。「ツキジデスの罠」をひもとけば、戦争を引き起こす主要な要因は「戦争が不可避である」という確信そのものであった。中国との対立は不可避であるという信念こそが、予言の自己成就をもたらしかねないという警句である。米国のリベラル国際主義者の主張や、中国政府が唱えてきた「新型の大国関係」はいずれも「罠」から脱却しようとする自覚的な試みに見受けられる。

しかし、現代の米中関係が直面する困難な問題をみれば、「ツキジデスの罠」の克服が容易ではないこともまた事実である。たとえ米中関係が現実主義者の懸念するような全面的な対立関係にならなくても、地域的に限定された形での対立関係や、一定の領域における対立関係が深刻化することは十分考えられるからである。また、中国の提案した「新型の大国関係」が米中関係の「衝突・対立の回避」を掲げながら、その一方で「核心的利益を相互尊重する」ことを盛り込んでいたことも、冒頭の「国際システムの改変」につながりかねない論理を孕んでいる[注9]。なぜなら中国が核心的利益を保全（もしくは拡張）する背景には、米国のアジア太平洋地域における関与を限定化し、同盟国や友好国に対する安全保障上の関与を低下させる論理に結び付くからである。

米中両国は「ツキジデスの罠」を抜け出すことができるだろうか。実際のところ、多くの実務家はこうした決定論的な考え方を受け入れたがらない。米中関係の運命も米国と中国双方の政策決定の相互作用に委ねられているからである。しかし、**米中関係が互いの国力の変化に伴うマクロな国際構造と国内政治の要請という上下からの二重の圧力に晒されているのも事実**であり、政策決定の多くもこの構造に拘束されやすい[注10]。だとすれば、米中関係の構造変化を踏まえて政策決定者がいかなる概念を当てはめようとしてきたか、その葛藤こそが分析のテーマとならなければならない。

本章はこうした観点から、過去約20年間の米中関係の推移を米国の対中政策の変遷をとおして分析し、今後の展望を論じることとする。

「責任あるステークホルダー」論から「戦略的再保証」へ

米中関係はしばしば協調と対立の間で揺れ動く「振り子」に例えられる。そこには、米国が中国との関係について協調を基調としてとらえるリベラリズムと、対立を基調として捉えるリアリズムが併存し、互いが競い合う関係として捉える見方がある[注11]。

しかし、クリントン（Bill Clinton）政権期（1993年1月〜2001年1月）の対中政策の基調となったのは、まぎれもなく**包括的な関与（engagement）政策**であった。米国政府は対中「封じ込め」（containment）への傾斜を避け、中国をアジア太平洋経済協力（APEC）のような地域的枠組みや世界貿易機関（WTO）を初めとするグローバルな枠組みに関与させることによって、国際システムの協

力的な構成員となることを促すことを目的としていた。その一方で、1996年
3月の台湾海峡における中国軍のミサイル演習をめぐる米中の緊張や、1999
年5月のユーゴスラビアにおける中国大使館誤爆事件のように、台湾問題や対
外介入をめぐる軍事的な対抗関係の萌芽もあった。こうした潮流の中で、米国
は関与政策を主旋律に置きながらも、中国が仮に現状を打破するような行動を
とった場合に備えるための「ヘッジ」（hedge）政策を同時に推進していった。

　ブッシュ（George W. Bush）政権（2001年1月～2009年1月）発足当初に
は、中国を「戦略的競争者」とみなし、国際システムにおける挑戦国としての
側面が強調されていた。折しも2001年4月に海南島沖で発生した米国の偵察機
「EP-3」と中国の戦闘機が衝突した事件の処理をめぐり、米中が「戦略的競争者」
としての関係を裏打ちするようにも見えた。

　しかし、2001年9月の「9.11テロ」以降には、米国が外交・安全保障の基調
として世界的な対テロリズム政策に置くなかで、米中関係にも構造変容がみら
れるようになった。第1に、中国は対テロ政策という文脈で、米国に対する支
持を表明し、アフガニスタン、パキスタン、インド、東南アジア政策に関する
協力を進展させた。また第2に、中国は朝鮮半島の非核化をめぐる「六者協議」
を主催し、その政策調整を主導する役割を担うようになった。また第3に、二
国間・多国間の政治・安全保障協力を活発化させ、国際平和協力活動（PKO）
を初めとするグローバルな活動にも積極的に参加するようになっていった。

　こうした中国の地域・グローバルな役割の拡大と、米中の共通の利益の拡大
という動向を受けて、クリントン政権期の関与政策を超えた対中政策の在り方
を模索する動きが広まった。その最も重要な概念を担ったのが、ロバート・ゼ
ーリック（Robert B. Zoellick）国務副長官が提唱した「責任あるステークホル
ダー」（responsible stakeholder）論である[注12]。

　**「責任あるステークホルダー」論は、関与政策の成功を基本的に踏襲しなが
ら、中国が国際的ルールや規範に対してより大きな責任を果たすことを促す政
策体系**だった。中国はすでに単なる国際システムの「参加者」ではなく、国際
システムの「形成者」の一員であるという認識に基づいていた。ここから導か
れる論理は、中国の台頭は米国にとり利害共有と利害対立の双方を増大させる
が、利害を「共有」し協力し合える分野を可能な限り増やし、利害の対立する
分野に関して「国際的な責任」という観点から対立を制御することにあった[注13]。
その意味で、米国内における対中「ポジティブ・サム」型の協力関係に条件を

付し、「ゼロ・サム」型の対立関係を中和する役割を果たしていたのである注14。いわば、米中関係を大国同士の関係として位置づけようとする米国側からの呼びかけだったのである。

　オバマ（Barck H. Obama）政権の発足に伴い、「責任あるステークホルダー」という概念自体は対中政策の用語として語られなくなった。ただジェームズ・スタインバーグ（James Steinberg）国務副長官は、2009年9月に「責任あるステークホルダー」を継承し「戦略的再保証」（Strategic Reassurance）という概念に進化させることを試みた。「戦略的再保証」とは「米国と同盟国とが中国が繁栄し成功したパワーとして台頭することを歓迎するが、同時に中国は自らの発展と世界的役割の拡大が、他国の安全保障と利益を犠牲にしない」ことと定義される。スタインバーグがこれを「取引」（bargain）と呼ぶように、米国が中国の台頭を従来の国際政治学でいうところの「挑戦者」とは見なさない代わりに、中国は平和的な台頭をすべきという互いの再保証を謳（うた）っているのである。

　スタインバーグは米中が協力可能な領域として、①グローバルな金融危機に対する協力、②気候変動問題、③北朝鮮の核・ミサイル開発問題、④イランの核開発問題、⑤アフガニスタン・パキスタンの安定、⑥グローバルな対テロ協力、⑦核不拡に関する協力・輸出管理という大きく分けて7分野を提示し、米国と「中国との協力範囲の拡大はめざましい」と評価していた。

　その一方で、中国との不信感や、利益の不一致が残されている項目として、①中国の軍事力の拡大とその意図の不透明性、②資源獲得競争とイラン・スーダン・ミャンマー・ジンバブエとの関係、③不均衡な米中経済関係、④人権問題の4分野を提示した。

　戦略的再保証論が、以上のように協調と再保証の領域を特定しえたことは、解釈によってはゼーリック演説の2005年当時よりも、米中関係がはるかに進展したことを意味している。米中両国が協調可能な領域はさらに協力範囲を進展させるアジェンダとなりうるし、また「再保証」が必要な領域を特定することによって、米中関係の包括的拡大に必要となる信頼の醸成が、なお必要であることを示しているからである。

　2009年11月に中国を訪問したオバマ大統領は胡錦濤総書記との間で米中共同声明を発表し、米中協力を新たな時代に向けて発展させることに合意した。この中で、米中両国は米中経済戦略対話の重要性、「一つの中国」と領土保全に関する基本問題などを確認したうえで、軍事当局者の相互訪問、対テロ協力、

科学技術協力、交通運輸協力、農業分野における協力、人権概念に関する相互理解の促進、留学生を含む人的交流の促進、核兵器の照準解除の継続、グローバルな金融危機に対する協力、WTOドーハラウンドでの協力、APEC/ARFを含む地域協力の促進、核不拡散協力、北朝鮮を六者協議に復帰させるための協力、イランの核問題と核の平和利用に関する協力、アフガニスタン・パキスタンの安定と対テロリズムに関する協力、CTBT/FMCTを含む「核のない世界」に向けた取り組みの協力、気候変動と地球温暖化防止に関する協力、エネルギー協力（電気自動車・クリーンコール・再生可能なエネルギー・石油と天然ガス・原子力の平和利用）に関する協力に合意している。

　米中共同声明が、これだけ広範な協力分野を提示したこと自体、米中の戦略関係の新たな広がりと深化を象徴するものといえるだろう。こうした共同声明にみられる米中関係が協力の拡大一辺倒ではなく、「再保証」を必要としている領域があることを示したこと自体、スタインバーグが提示した概念は重要な意味を持ったといえるだろう。

アジア太平洋地域への「リバランス」政策と中国

　オバマ政権（2009年1月～2017年1月）のアジア太平洋地域への政策をもっとも包括的に体系化したのは「リバランス」という概念だった。オバマ大統領はイラクとアフガニスタンから米軍を撤退させ、アジアにおけるアメリカのプレゼンスを強化すべきとの考えをかねてから表明してきた。オバマ大統領は2011年11月のオーストラリア議会での演説において、安全保障、経済、政治・人権という3つの分野を柱に置きながら、米国外交がアジア太平洋地域に軸足（ピボット）を置くことを表明した[注15]。

　同年11月にクリントン（Hillary R. Clinton）国務長官は『フォーリン・ポリシー』誌に「アメリカのアジアの世紀」という政策論文を発表し、①日本・韓国・オーストラリア・フィリピン・タイとの既存の同盟の発展、②ルールに基づく地域秩序と世界秩序の形成のために中国・インド・インドネシア・シンガポール・ニュージーランド・マレーシア・モンゴル・ベトナム・ブルネイ・太平洋諸国と新たなパートナーシップ関係を構築、③多国間の地域的な枠組みに参加、④開かれた自由な経済的競争をアジア太平洋地域で促進すべく米国の経済外交を活性化、⑤米軍のアジア太平洋における態勢を、地理的に分散し（geographically distributed）、運用上の抗堪性を備え（operationally resilient）、政治的に維持可能（politically sustainable）なものとし、⑥民主主義や人権といった価値を重視する、という6つの領域において米国がアジア太平洋地域におけるリーダシップを発揮することを明示した[注16]。

その後、パネッタ国防長官は2012年6月にシンガポールで開催された「シャングリラ・ダイアローグ」で、国防総省からみた**「リバランス政策」の具体像**として、米国がアジア太平洋のプレゼンスを堅固に維持することを強調しつつ、この地域への関与が**「4つの原則」**によって導かれていることを明示した[注17]。

第1は、国際的なルールと秩序の適用である。米国が近年繰り返し唱えてきた、航行の自由、宇宙やサイバースペースなどの領域の自由なアクセスの保障を担保し、紛争を平和的に解決することである。

第2の原則は、アジア太平洋域内諸国とのパートナーシップの拡充である。米国は日本、韓国、オーストラリア、フィリピンとの同盟関係を強化し、インド、シンガポール、インドネシア等とのパートナー関係を拡充し、中国との関係の強化に務めると述べた。なお、日米同盟に関連して、新たなグアムへの兵力移転計画が、沖縄における米軍プレゼンスを政治的に受け入れ可能なものとし、グアムを西太平洋の戦略的ハブとして位置づけることに貢献すると位置づけたことも銘記されるべきであろう。

第3の原則は、米軍のプレゼンスの維持・強化である。パネッタ長官は、「リバランス政策」の重要な要素として、東南アジアからインド洋にかけての米軍のプレゼンスの強化を改めて強調した。オーストラリアの北部ダーウィンへの海兵隊のローテーション配備、タイとの合同軍事演習「コブラゴールド」の充実化、フィリピン軍の能力構築支援と米軍のコミットメントの強化、シンガポールへの沿海域戦闘艦（littoral combat ship）の配備、ベトナムとの安全保障協力の強化など、東南アジア・オセアニア全域にわたる米国のプレゼンス強化が謳われた。

そして**第4の原則は、米国の戦力投射（フォース・プロジェクション）**である。象徴的だったのは、現在太平洋と大西洋にほぼ5対5の割合で展開する米海軍艦船の割合を2020年までに6対4に変更し、太平洋に展開する空母について6隻体制を維持し、対潜水艦戦能力などを備える沿岸海域戦闘艦（LCS）を配備していくと述べたことである。また、米軍の最新技術を常に更新すること（例えば第5世代戦闘機、バージニア級潜水艦、新しい電子戦、コミュニケーショ

ン技術、精密兵器）によって、技術的優位性によるクオリティの確保を重視するとした。

オバマ政権の「リバランス政策」が台頭した背景には、①世界経済におけるアジア太平洋地域の比重が増すなかで、米国が経済的利益を享受するための関与を強化すること、②中国の軍事的な台頭が顕著となるなかで、米国の外交・軍事的なウエイトもアジア太平洋地域に重点を移すべきこと、③米国の財政的制約のなかで米国が一国だけで「リバランス」することはできず同盟国・パートナー国との協力関係が重視されている、ことがある。オバマ大統領とクリントン国務長官が述べるように、**「リバランス政策」は経済・外交・軍事にわたる包括的なアジア太平洋政策**ということになる。

米国政府関係者はこの政策が中国を標的として囲い込む戦略ではない、ということを繰り返し説明している[18]。前述のクリントン国務長官の論文では中国をパートナーシップ関係を構築する国家として明示しているほか、パネッタ国防長官の演説でも米国の軍事的関与の強化が中国への対抗ではないことを強調している。またトーマス・ドニロン（Thomas Donilon）国家安全保障問題担当大統領補佐官は、中国との建設的な関係を構築することが「リバランス政策」の柱であるという位置づけをした。また、ドニロンから国家安全保障担当補佐官を引き継いだスーザン・ライスは、同年11月の演説で中国が提案している「新型の大国関係」を「機能させる」（operationalize）ことを目指すとまで述べたのである[19]。この背景にあるのは、競争的側面が目立つ米中関係において、協調的側面を敢えて重視することによって、米中関係のバランスを保つことへの注力であった。

しかし、**「リバランス政策」の形成と発展の底流にあるのが中国の軍事的台頭と中国の強硬（assertive）な自己主張にあることは自明の理**である。米国の『国防戦略指針』（2012年1月）と『４年ごとの国防政策の見直し（QDR）』（2010/2014）では、中国のいわゆる接近阻止・地域拒否（A2/AD）能力の拡大に注目し、米国のアジア太平洋地域におけるプレゼンスや戦力投射能力に対抗する手段と能力を追求することを警戒している[20]。

そして、**リーマン・ショックを経た2009年以降の中国外交には強硬で非妥協的な姿勢が目立つ**ようになってきた。とりわけこうした強硬姿勢は東シナ海及び南シナ海の海域において顕著となった。東シナ海では2010年の尖閣諸島沖での漁船衝突事件及び2012年のいわゆる「尖閣国有化」問題への対応で、

きわめて厳しい姿勢を示し日中関係に緊張をもたらした。また中国は2010年春頃から米国政府高官に対して南シナ海が「核心的利益」に属すると示唆して、米国の介入を牽制しようとした。2012年は南シナ海のスカボロー礁で中国の海洋監視船とフィリピンのフリゲート艦が対峙する事件が発生し、中国が実質的に同海域の実効支配を奪う事態となった。2014年5月にパラセル諸島においてベトナムとの係争海域において一方的に石油掘削リグを設置（同年7月に撤収）し、中越関係に緊張をもたらした。また同年から南シナ海の7つの区域において大規模な埋立てと施設建設を実施したのである。

「グランドバーゲンによる協調」か「長期的な競争」か

これまでクリントン政権における「関与政策」の形成、ジョージ・W・ブッシュ政権における「責任あるステークホルダー」論から「戦略的再保証」までの変化、そしてオバマ政権における「リバランス」政策の浮上の分析を通じて、米国の対中政策の変遷について論じてきた。

今後の米中関係の中長期的な姿はいかなる論理によって導かれるであろうか。かつて筆者らは、米中両国は徐々に「米国優位」の力の分布から「米中均衡」へとへと移行し（縦軸を下降）、同時に対立と協調を振り子のように繰り返す（横軸を左右に移動する）「螺旋状のダウンスパイラル」と表現した（図9-1）[注21]。

図9-1　政治体系と循環する政治過程

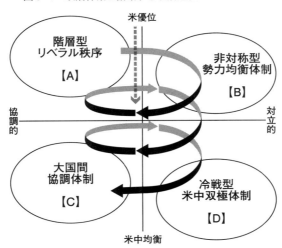

〔出典〕筆者作成

この研究では米中関係の構図を「力の優位」と「対立・協調」という２つの座標軸によって分類し、

【A】 階層型リベラル秩序（米国が優位の力の分布において、米中関係には協調が維持される）

【B】 非対称型勢力均衡体制（米国が優位な力の分布ではあるが、米中関係は対立を深める）

【C】 大国間協調体制（米中両国間における力の分布は均衡に達していくなかで、米中関係において協調が維持される）

【D】 冷戦型米中双極体制（米中両国間における力の分布は均衡に達し、米中関係は対立を深める）

という４類型を想定した。

この見方が依然として妥当だとすれば、米中関係の短期的な問題は【A】と【B】の振幅の管理にあり、また、中長期的な課題は【A】と【B】の領域から、【C】と【D】の領域への移行を安定的に管理することにある。【C】の領域とは、米中が大国間の協調に至る「グランドバーゲン」のシナリオと位置付けることができるであろう。また【D】については、米中の力が拮抗するなかで対立を深める「長期的な競争関係」の状態と定義できる。以下では米中関係における「グランドバーゲンによる協調」と「長期的な競争関係」の可能性と限界について考察してみたい。

≫グランドバーゲンによる協調１──「新型の大国関係」

グランドバーゲンによる協調の第１の可能性として挙げられるのは、中国政府がこれまで提唱してきた「新型の大国関係」を米中両国が受け入れることである。中国政府によれば「新型の大国関係」は、①衝突・対抗の回避、②核心的利益と主要な懸案の相互尊重、③ウイン-ウインの協力を米中関係の根本原則とする考え方である。さらに近年ではこの３項目に加え、アジア太平洋における協力やグローバルな課題に対する共同行動などが盛り込まれている。

2015年９月の米中首脳会談では、サイバー、人権、南シナ海などの多くの懸案事項が残されたものの、両国の危機管理のメカニズムや投資協定の締結加速、北朝鮮問題に対する協力や気候変動といった地域やグローバルな課題に対して、広範な協力を進めていくことが確認された。「新型の大国関係」は中国にとって、米国との多分野での協力を推進する概念であると同時に、米国との

摩擦を避けながら対等な地位を確立する概念ということになる。

しかし、米国は中国の建設的姿勢を尊重しながらも、「新型の大国関係」という用語に同調することは慎重に避けている。**最大の課題は中国が「核心的利益の相互尊重」を重視していること**にある。核心的利益には国家主権と領土保全が含まれるが、中国はこれまで台湾、チベット、新疆ウイグル自治区などに加え、南シナ海や尖閣諸島を概念の一端として示唆した経緯がある。

「新型の大国関係」には、中国の核心的利益の保全を担保しつつ、米国のアジア太平洋地域における関与を限定化させるという論理が控えている。米国が「新型の大国関係」を字句通り受け入れることは、同盟国や友好国に対する安全保障上の関与を低下させることにつながりかねない。「新型の大国関係」が米中両国に受け入れ可能となるには、まだ多くの溝を乗り越えなければならない。

≫ グランドバーゲンによる協調２──「戦略的再保証」

グランドバーゲンによる協調の第２の可能性は「戦略的再保証」を米中両国が確認しあうことである。戦略的再保証の考え方を発展させたスタインバーグとオハンロン（Michael E. O'Hanlon）によれば、米中両国に競争関係が生じるのは不可避としながらも、両国同士の紛争につながりかねない軍事と戦略の分野（特に核、通常兵器、宇宙、サイバー、海洋）で互いの自制をおこなうべきだとする[注22]。そして、米中両国は「それぞれ、自国がもう一方の国に対し協力する意思があるということ（戦略的再保証）を理解しあえるよう手を尽くさなければならない」ということになる。

同書によれば、**戦略的再保証の具体的な措置は、**

・「自制」（相手の安全を脅かしかねない選択を控えること）

・「強化」（自制を特定の政策によって強化する）

・「透明性」（互いの意図と能力について理解を深める）

・「強靭性」（強靭な軍事力を持ち、相手の意図を読み誤った場合のコストを軽減する）

・「決意」（相手の受け入れがたい行動にはレッドラインを引く）

からなる。

その核心部分は、①それぞれの国が独自に進めている安全保障政策にまつわる曖昧さ、不透明性をできるだけ軽減し、相手を犠牲にして自らの安全保障を求めていないことを確認しあうこと、②相手にとって不利益をもたらす政策に

ついては、その意図をタイムリーに伝達し、相手側に新しい現実を踏まえて政策を修正する十分な時間を与えること、そして、③時期尚早なヘッジ行為を避け、幅広い分野で利害が共通する課題について協力関係を深めながら、双方にとって利益となる課題に取り組む機会をつくることである。

戦略的再保証をめぐる問題点は、中国の台頭による動態的な変化を十分に読み込めないことである。例えば、スタインバーグとオハンロンは、米国と中国がアジア太平洋に割り当てているおおよその国防予算を推計し、「中国の国防費を米国の半分に留める」ことが妥当であることを唱えている。しかし、米中が異なるスピードで経済成長を遂げている以上、このような静的な抑制論が機能することは現実には考えづらい。現実の米中関係の展開を眺めても、中国が呼びかけた米中「新型の大国関係」に「核心的利益の相互尊重」を盛り込んだことに米国が反発したこと、南シナ海の航行の自由の原則の適用や係争地域の埋め立てをめぐり米中が対立していること、米国の核ドクトリンにおいて中国との相互脆弱性を認めているわけではないこと、など上記著作で提唱された「戦略的抑制」の状況には遠く至っていないように思われる。

≫ 長期的な競争関係１——コスト賦課による望ましい秩序形成

米中が「長期的な競争」関係にあり、明確な相互抑制の合意が存在しない場合、米中関係にはどのよう秩序を形成する可能性があるだろうか。

第１の可能性は互いに望ましくない相手の行動に対するコストを上げ、一定の均衡を保つという考え方である。

米国の対中戦略をめぐる議論のなかで「コスト賦課戦略」（cost-imposing strategy）という概念が注目されている。特定の国の望ましくない行動に対するコストを賦課することによって、そうした行動を自制させることが、同戦略の目的である。この典型的な例は、冷戦期のソ連が米国との核兵器や通常戦力をめぐる消耗戦によって疲弊したように、相手の戦略的弱点に多くの資源を投入させ、結果として有害な行動を起こす余地を狭めたことである。米国の戦略論の専門家らは、こうした冷戦期の対ソ戦略を参考にしながら、急速に台頭する中国との長期的な競争において、米国が優位な立場を維持することができるか、を議論の焦点としている。

しかし、冷戦期の対ソ連戦略と、現代の対中国戦略におけるコストの捉え方は、随分と異なる。前者が核戦争のエスカレーションに結びつく戦争の勃発

を念頭に置いていたのに比べ、後者は現状ではむしろ戦争に至らない領域において徐々に現状が侵食される状況が問題視されている。こうした背景のもとで、**今日のコスト賦課戦略をめぐる議論は、中国の軍事的台頭と海洋進出を背景に、力による現状変更を阻止するための具体的な方策の検討**へと歩を進めている。

例えば、新米国安全保障センター（CNAS）は、2014年9月に発表したレポート「海上における威嚇に対する政策課題」において、中国の威嚇的な海洋進出に対し「軍事衝突へとエスカレートすることも、不作為によって現状変更に至ることも許さない対抗措置」として軍事的・非軍事的対応を横断したコスト賦課戦略を唱えている。こうしたコスト賦課戦略の軍事的対応には、①米国の軍事プレゼンスの強化、②同盟国・パートナー国との軍事演習・訓練及び共同行動の実施、③中国の弱みや脆弱性に着目した米国・同盟国・パートナー国の軍事・警察力の強化が挙げられている。

また、非軍事的対応には、①海洋状況監視能力の強化、②国際世論の形成などの外交力、③貿易投資関係の多角化や過度の中国依存を回避する経済政策などが掲げられている。

こうした軍事的・非軍事的なコスト強要戦略により、中国が自らの行動に高い代償が伴うことになることを認識し、費用便益の観点からそのような行動を自制することが望ましいと考えれば、この戦略は有効である。しかし、上記のコストが中国のいかなる行動を自制させるのか、その関係性は未だに明確ではない。コスト賦課戦略の目的、手段、運用方法、評価については、さらなる議論の深まりと概念の精緻化が求められる。

≫長期的な競争関係2——米国の競争優位の確保

長期的な競争関係を安定的に維持するもう1つの考え方は、米国が競争における優位性を担保するという考え方である。2014年11月に公表された米国防省の「防衛改革イニシアティブ（DII）」は、「米国は主要な戦闘領域における優位性を失う時代に入った」として、潜在的な敵対国が（主として中国とロシアを念頭）軍事力の近代化を続け、先端軍事技術の開発と拡散を紛争のすべての段階で推進し、これまで比類なき卓越性を持った米国の軍事力に対する明白な挑戦となっていることに警鐘を鳴らした。また同時に、近年の米国防予算の大幅な削減が、米国の兵力構成や研究開発投資を圧迫し、米国が将来にわたって世界における軍事的優位性を担保することが難しいという認識が示された。

国防総省はこれらの戦略的趨勢を捉えたうえで、**米国が軍事技術の革新、新しい作戦構想、兵器調達、兵站、インテリジェンスにまたがる全省的な改革が必要**であることを唱えた。これらの改革は「**第3の相殺（オフセット）戦略**」と総称され、現在の国防総省が掲げる戦略の中核を占める概念の1つとなっている。

「第3の相殺戦略」が何を意味するのかをたどるには、これまで米国が冷戦期に掲げてきた第1・第2の相殺戦略のあらましを知る必要がある。

「**第1の相殺戦略**」とは、1950年代にアイゼンハワー政権で推進された「ニュールック戦略」であり、**東西冷戦の下で東側の通常戦力の優位を「相殺」するために、核兵器による大量報復によって抑止を図ることを企図**したものである。「**第2の相殺戦略**」とは、1970年代にソ連の核兵器の大量配備によって東西の核戦力がバランスする一方で、依然として**東側が通常戦力における優位を維持していた戦略環境から生み出された**。米国はステルス技術、精密誘導兵器、戦闘管理のネットワーク化によって、東側の軍事的優位を「相殺」したのである。いずれの戦略も、戦力規模や兵力構成を同じ土俵で競うのではなく、特定分野の技術や作戦構想の革新によって、米国の優位性を長期的に担保するという発想に基づいていた。

翻って現代の「**第3の相殺戦略**」が対象としているのは、**伝統的な作戦領域における米国の優位性が自明ではなく、米軍の戦力投射に対する接近阻止・領域拒否（A2/AD）が拡大する戦略環境**である。この厳しさを増す戦略環境の中でも、先端軍事技術による優位性を維持し、A2/AD環境の下でも米軍の作戦アクセスを可能にすることが目標となる。

具体的には、無人機（攻撃機・潜水機）による作戦の展開、超電磁砲（レールガン）や指向性エネルギー兵器の開発、海中戦闘能力（監視・攻撃）、長距離攻撃能力、ステルス性兵器の開発、そして伝統的戦力と新たな技術を結び付ける統合エンジニアリングの重要性が議論され、国防総省では構想のレビューやシミュレーションが続けられている。

「第3の相殺戦力」が射程に置くのは、21世紀の新たな戦闘空間における米国の長期的優位性の維持である。しかし、以上のような新技術の開発がどこまで伝統的戦力を「相殺」できるのか、米国が独占的に技術開発の優位を長期に維持できるのか、また米軍の前方展開兵力はどう位置づけられるのか。米国の軍事的優位性の維持にはかくも困難な道のりが控えているのである。

米中の均衡状態をつくり出すことができるか

　本章は、台頭する中国を米国がどのように認識し、対中政策の概念化を試みてきたかを中心に考察した。**歴史的な教訓として新興国の台頭過程で覇権国との間で生じる深刻な対立を、米中関係は克服できるのだろうか。**過去20年間の米中関係は「ツキジデスの罠」を回避しようとする叡智の蓄積であると同時に、互いの不作為・誤解・誤算によって待ち構えている「罠」の重大性や深刻性を互いに認識しあう過程でもあった。**中国の台頭が続いていく以上、米中関係の力のバランスは動態的に変化していく。したがって、ひとつの政策概念や互いの了解事項は、常に見直さなければならない。**

　本章では米中関係が徐々に米国優位から米中均衡に向かいながら、対立と協調を繰り返すスパイラルとしてとらえた。その中で「グランドバーゲンによる協調」と「長期的な競争」という2つの政策の方向性を示し、その具体像を提示した。冒頭の問題意識に戻れば、国際構造の変化と国内の圧力の双方に晒されながら、米中両国の指導者がいかに両国の均衡状態をつくり出すことができるのか、「ツキジデスの罠」を克服する鍵となるだろう。

（じんぼ・けん）

注1) John J. Mearsheimer, *The Tragedy of Great Power Politics*, (New York: W.W.Norton & .Co., 2001). いわゆる権力移行理論 (power transition theory) の原型については、A.F.K Organski, *World Politics*, (New York: Alfred A Knop., 1958) を参照。覇権国から挑戦国への力の移行が戦争をもたらしやすい理論的検討としては、Robert Gilpin, *War and Change in the World Politics*, (New York: Cambridge University Press, 1981) がある。

注2) Graham Allison, "The Thucydides Trap: Are the U.S. and China Headed for War?", *The Atlantic* (September 25, 2015).

注3) Harvard Thucydides's Trap Project, "Thucydides Trap Case File", http://www.belfercenter.org/thucydides-trap/case file (2017年3月1日アクセス)

注4) John J. Mearsheimer, 前掲書。邦訳として、ジョン・J・ミアシャイマー『大国政治の悲劇〔改訂版〕』(奥山真司訳、五月書房、2014年) がある。

注5) Michael Pillsbury, *The Hundred-Year Marathon: China's Secret Strategy to Replace America As the Global Superpower*, (Henry Holt & Co, 2015). 邦訳として、マイケル・ピルズベリー『China 2049』(野方香方子訳、日経BP社、2015年) がある。

注6) John Ikenberry, "The Future of the Liberal World Order: Internationalism After America", *Foreign Affairs*, Vol.90, No.3 (May/June 2011); John Ikenberry, "The Rise of China and the Future of the West: Can Liberal System Survive?", *Foreign Affairs*, Vol.87, No.1 (January/February 2008). 下記論文では "liberal international order 3.0" という概念を提示し、(1) 非西欧世界を含んだガバナンス制度、(2) 経済・安全保障の相互依存下での主権概念の変化、(3) 覇権型階層秩序からリーダー国同士のガバナンスへといった特徴を提示している。John Ikenberry, "Liberal Internationalism 3.0: America and Dilemmas of Liberal World Order", *Perspective on Politics*, Vol.7, No.1 (March 2009).

注7) 中華人民共和国国務院新聞弁公室「中国的和平発展道路」『人民日報』2005年12月23日。また鄭必堅・改革開放論壇理事長は、中国は「平和的台頭」(和平崛起) によって既存秩序に挑戦せずに台頭することができるとかつて論じた。鄭必堅「中国和平崛起新道路和亜洲的未来─在2003年博鰲亜洲論壇的講演」『理論参考』2004年第5期; Zhen Bijian, "China's 'Peaceful Rise' to Great Power Status", *Foreign Affairs*, Vol.84, No.5 (September/October 2005). なお中国の「平和的台頭」論に関しては次の論考も参照のこと。Bonnie S. Glaser and Evan S. Medeiros, "The Changing Ecology of Foreign Policy Making in China: The Ascension and Demise of the Theory of 'Peaceful Rise'", *The China Quarterly*, No. 190 (2007); 高木誠一郎「中国『和平崛起』論の現段階」『国際問題』第540号 (2005年3月)。

注8) 高木誠一郎「米国の対中認識・政策─第2期オバマ政権を中心に」『平成26年度外務省外交・安全保障調査研究事業 (調査研究事業)「主要国の対中認識・政策の分析」』(日本国際問題研究所、2014年)。

注9) 増田雅之「パワー・トランジッション論と中国の対米政策 ─「新型大国関係」論の重点移行」『神奈川大学アジア・レビュー:アジア研究センター年報』(神奈川大学、2010年)。

注10) 国際構造と国内政治の二重の圧力という見方は、近年のネオクラシカル・リアリズムの考え方を参照している。Gideon Rose, "Neoclassical Realism and Theories of Foreign Policy", *World Politics*, Vol. 51, No. 1 (October 1998); Steven E. Lobell, Norrin M. Ripsman, Jeffrey W. Taliaferro eds., *Neoclassical Realism, the State, and Foreign Policy* (Cambridge University Press, 2009).

注11）こうした見方を示した論考に、"The Future of U.S.-China Relations: Is Conflict Inevitable", *International Security*（Fall 2005）がある。フリードバーグは、米中関係の基調を「リアリスト悲観論」、「リベラル楽観論」、「リアリスト楽観論」、「リベラリスト悲観論」という4つの潮流に分類している。フリードバーグの論考の発展については、下記を参照のこと。Aaron Friedberg, *A Contest for Supremacy: China, America, and the Struggle for Mastery in Asia*（New York:W.W.Norton & .Co., 2011）。邦訳として、アーロン・フリードバーグ『支配への競争——米中対立の構図とアジアの将来』（佐橋亮訳、日本評論社、2013年）がある。

注12）Robert B. Zoellick, "Whither China: From Membership to Responsibility?" Remarks to National Committee on US-China Relations（September 21, 2005）.

注13）Hearing of Robert B. Zoellick, "US-China Relations", Committee on International Relations, US House of Representatives（May 10, 2006）.

注14）Thomas J. Christensen, "Fostering Stability or Creating Monster?: The Rise of China and U.S. Policy toward East Asia", *International Security*, Vol.31, No.1（Summer 2006）.

注15）The White House, "Remarks by President Obama to the Australian Parliament,"（November 17, 2011）.

注16）Hillary Clinton, "America' s Pacific Century," *Foreign Policy*（November 2011）. クリントン国務長官の同構想の演説については、"America's Pacific Century——Remarks at the East-West Center,"（November 10, 2011）.

注17）Leon Panetta, "U.S. Rebalance towards Asia-Pacific" Remarks by Secretary Panetta at the Shangri - La Dialogue in Singapore（June 2, 2012）.

注18）こうした論点については、Tom Donilon, "The United States and the Asia-Pacific in 2013", The Asia Society New York（March 11, 2013）を参照。

注19）Suzan E. Rice, "America's Future in Asia", Speech delivered at Georgetown University（November 20, 2013）.

注20）The U.S. Department of Defense, *Sustaining U.S. Global Leadership: Priorities for 21st Century Defense*（January 2012）; The U.S. Department of Defense, *The Quadrennial Defense Review Report*（February 2010）.

注21）東京財団アジア安全保障研究プロジェクト「日本の対中安全保障戦略——パワーシフト時代の『統合』・『バランス』・『抑止』の追求」（2011年6月）。

注22）James Steinberg and Michael O'Hanlon, *Strategic Reassurance and Resolve: U.S.-China Relations in the 21st Century*（Princeton University Press, 2014）. 邦訳として、ジェームズ・スタインバーグ、マイケル・E・オハンロン『米中衝突を避けるために——戦略的再保証と決意』（村井浩紀・平野登志雄訳、日本経済新聞出版社、2015年）。なお同様の考え方として、David C. Gompert and Phillip C. Saunders, *The Paradox of Power: Sino-American Strategic Restraint in an Age of Vulnerability*（NDU Press, 2011）も参照。

［編著者紹介］

加茂 具樹（かも・ともき）

慶應義塾大学総合政策学部客員教授
同大学東アジア研究所現代中国研究センター副センター長
同大学法学部准教授、総合政策学部教授を経て2016年10月より現職

［主な著書］

『現代中国政治と人民代表大会』（単著、2006年、慶應義塾大学出版会）

『中国改革開放への転換──「一九七八年」を越えて』（共編著、慶應義塾大学出版会、2011年）

『北京コンセンサス──中国流が世界を動かす？』（共訳、岩波書店、2011年）

『党国体制の現在──変容する社会と中国共産党の適応』（共編著、慶應義塾大学出版会、2012年）

『はじめて出会う中国』（共著、有斐閣、2013年）

『新版 5分野から読み解く現代中国──歴史政治経済社会外交』（共著、晃洋書房、2016年）

『中国対外行動の源泉』（編著、慶應義塾大学出版会、2017年）

［執筆者紹介］

加茂 具樹　　　　　　　　　　　　　　　　　　　［第1章］
　　　編著者紹介参照

鄭　　浩瀾（てい・こうらん）　　　　　　　　　　［第2章］
　　　慶應義塾大学総合政策学部准教授

Macikenaite Vida（マチケナイテ・ヴィダ）　　　　［第3章］
　　　国際大学大学院国際関係学研究科講師

渡邉 真理子（わたなべ・まりこ）　　　　　　　［第4・5章］
　　　学習院大学経済学部教授

増田 雅之（ますだ・まさゆき）　　　　　　　　　［第6章］
　　　防衛省防衛研究所主任研究官

飯田 将史（いいだ・まさふみ）　　　　　　　　　［第7章］
　　　防衛省防衛研究所主任研究官

福田　　円（ふくだ・まどか）　　　　　　　　　［第8章］
　　　法政大学法学部教授

神保　　謙（じんぼ・けん）　　　　　　　　　　［第9章］
　　　慶應義塾大学総合政策学部准教授

装丁・図版作成　アトリエ・プラン

「大国」としての中国
── どのように台頭し、どこにゆくのか ──

2017年5月20日　初版第1刷発行

編著者　加茂 具樹

発行者　菊池 公男

発行所　株式会社 一藝社
〒160-0014　東京都新宿区内藤町1-6
Tel. 03-5312-8890　Fax. 03-5312-8895
E-mail : info@ichigeisha.co.jp
HP : http://www.ichigeisha.co.jp
振替　東京00180-5-350802
印刷・製本　シナノ書籍印刷株式会社

©Tomoki Kamo
2017 Printed in Japan
ISBN 978-4-86359-125-7　C3031

乱丁・落丁本はお取り替えいたします

一藝社の本

政治社会学［第5版］
加藤秀治郎・岩渕美克◆編

「政治社会学」は政治学と社会学の境界領域に位置し、政治不信の続く現代の状況を解明するものとして期待されている。複雑化する現代政治を解明するためには、政治と社会の関係を見直すことが不可欠であり、その上でさまざまな事象を分析していかなくてはならないのである。

　第5版では、新たに重要な論文、サルトーリの「選挙制度の作用」とポパーの「民主制の理論について」を収録し、さらに充実した内容となった。

[目次]
第1部　政治社会学の基礎
第1章　政治と社会／第2章　政治過程／第3章　政治権力／第4章　政党と圧力団体／第5章　選挙・投票行動／第6章　政治の心理／第7章　世論とメディア／第8章　統計と調査
第2部　リーディングス
1　権力の二面性（P.バクラック、M.S.バラッツ）／2　クリヴィジ構造、政党制、有権者の連携関係（S.M.リプセット、S.ロッカン）／3　選挙制度の作用〜「デュヴェルジェの法則」再検討〜（G.サルトーリ）／4　民主制の理論について（K.ポパー）

A5判　並製　320頁　定価（本体2,600円＋税）　ISBN 978-4-86359-050-2

新版 政治学の基礎
加藤秀治郎・林 法隆・古田雅雄・檜山雅人・水戸克典◆著

好評で版を重ねている、政治学の基礎的な理解を目的とした入門書。政治学が扱う様々な分野を概説し、必須項目を網羅的に取り上げて説明しているので、大学の基礎教養科目、短大のテキスト、また各種公務員試験の参考書としても最適。

四六判　並製　280頁　定価（本体2,200円＋税）　ISBN 978-4-901253-24-6

行政学の基礎
風間則男◆編

本書は、行政の仕組みを知り、行政との付き合い方を学びたい人など、行政学を初めて学ぶ人たちのために書かれた入門書である。平易な記述により基礎的事項をわかりやすく解説し、公務員試験対策にも最適な内容となっている。

四六判　並製　294頁　定価（本体2,400円＋税）　ISBN 978-4-901253-83-3

一藝社の本

政治学・行政学の基礎知識［第3版］
堀江　湛◆編

新しい時代に対応して、ますます密接な関係になりつつある政治学・行政学の両分野を1冊に収録。政治と行政、それぞれについて、新しい視点から現状を展望。第3版では全体的な見直しを行うとともに、平易な記述で基礎的事項を体系的に解説。特に難しいと思われる用語も「サブ・テーマ」「コラム」などで増補した。

A5判　並製　362頁　定価（本体2,500円＋税）　ISBN 978-4-86359-090-8

政治学への扉
永山博之・富崎 隆・青木一益・真下英二◆著

毎日新聞読書欄で紹介された好著。慶応大出身の研究者4人が議論を重ね、内外の近年の研究成果を見据えた清新な入門書。現代政治を理解するために基本となる国家の意味を問いかけ、民主制の根本を明らかにする。さらに、行政の役割、選挙、政党、議会、官僚、メディア、地方自治、それぞれの特徴、国際政治の捉え方まで、具体的な事例を挙げながら、若い世代に必須の知見と視点を提供する。

A5判　並製　256頁　定価（本体2,400円＋税）　ISBN 978-4-86359-107-3

赤いバラは散らない──英国労働党の興亡
谷藤悦史◆著

世界が手本と仰いだ議会制民主主義と二大政党制。その一翼《英国労働党》の変転をたどり、戦後70年各々の時代に何が成功し何が失敗したのか。どんな視点がありどんな視点が足りなかったかを探る。国家と個人のあり方に強い示唆を与える意欲作。

四六判　並製　256頁　定価（本体2,000円＋税）　ISBN 978-4-86359-113-4

戦後70年を越えて──ドイツの選択・日本の関与
中村登志哉◆編著

「戦後70年」とは何か。日本はそれを「越える」ことができたのか。激変する世界の中、日本の国際的な「関与」と対日観の諸相を、同じ敗戦国ドイツの「選択」の分析を中心に据えて、複数の視座から比較・提示した意欲的な論考の集成。

四六判　上製　168頁　定価（本体2,800円＋税）　ISBN 978-4-86359-114-1

ご注文は最寄りの書店または小社営業部まで。小社ホームページからもご注文いただけます。